N5模拟考试

新日语能力考试考前对策

[日] 新日语能力考试研究组　编著

合格模試

3回分

扫码领卡

世界图书出版公司
北京・广州・上海・西安

图书在版编目（CIP）数据

N5 模拟考试：新日语能力考试考前对策 / 日本新日语能力考试研究组编著；彭金玉译．—
北京：世界图书出版有限公司北京分公司，2022.9
ISBN 978-7-5192-9628-5

Ⅰ．① N… Ⅱ．①日… ②彭… Ⅲ．①日语－水平考试－习题集 Ⅳ．① H360.41-44

中国版本图书馆 CIP 数据核字 (2022) 第 099878 号

书　　名　N5 模拟考试：新日语能力考试考前对策
　　　　　N5 MONI KAOSHI: XIN RIYU NENGLI KAOSHI KAOQIAN DUICE

编　　著　[日] 新日语能力考试研究组
译　　者　彭金玉
责任编辑　刘小芬　苏旭

出版发行　世界图书出版有限公司北京分公司
地　　址　北京市东城区朝内大街 137 号
邮　　编　100010
电　　话　010-64038355（发行）　64033507（总编室）
网　　址　http://www.wpcbj.com.cn
邮　　箱　wpcbjst@vip.163.com
销　　售　新华书店
印　　刷　北京中科印刷有限公司
开　　本　787mm × 1092mm　1/16
印　　张　15.5
字　　数　380 千字
版　　次　2022 年 9 月第 1 版
印　　次　2022 年 9 月第 1 次印刷
版权登记　01-2021-1331
国际书号　ISBN 978-7-5192-9628-5
定　　价　59.00 元

はじめに　前言

《N5模拟考试：新日语能力考试考前对策》含三套模拟试题及答案解析，并含题型介绍及备考方法，专为以下读者编写：

✿ 决心通过新日语能力考试（JLPT）N5级别的读者

✿ 初次备考，想了解N5考试题型及备考方法的读者

✿ 想进一步提高自身的日语能力及备考技巧的读者

✿ 想对自己的日语能力进行自我检测的读者

✿本书优点✿

· 三套模拟试题的题型与真题完全相同，难易度高度接近。

· 考试题型介绍详细，针对每个题型都给出了高效、可操作性强的备考方法。

· 配精要解析，梳理核心考点及解题思路，供考生研读、吃透。

· 附有考试时间安排及评分标准。读者可模拟实战进行自我检测，并自行评分。

· 可扫码答题，另附全文翻译等电子学习资料。

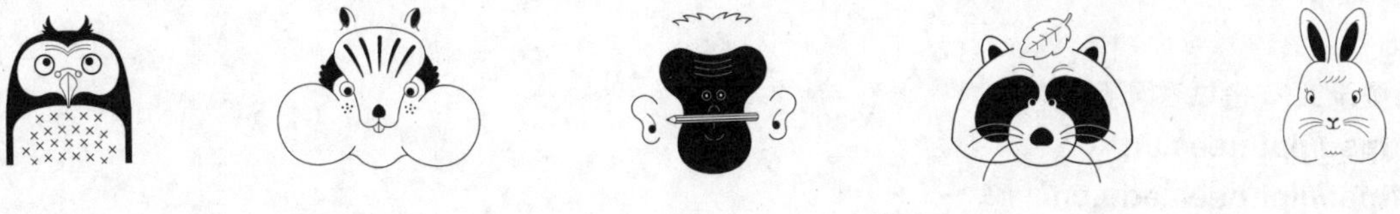

关于日语能力考试N5
（JLPT）

Q1 关于日语能力考试（JLPT）

日语能力考试以母语不是日语的人士为对象，对其日语能力进行测试和评定。该考试目前在日本47个都道府县、海外80多个国家或地区均设有考点，每年报名人数总计超过100万人，是全球最大规模的日语考试。该考试于2010年实行改革，由从前的4级到1级四个级别变为现在的N5到N1五个级别。

Q2 关于N5

N5的难度和原日语能力考试4级相当，考查考生是否能够在一定程度上理解基本的日语，譬如能够读懂平假名和片假名，能够读懂由日常基础汉字写成的固定短语、句子和文章，又或者在听到一段语速缓慢且简短的日常对话时，能够听懂其中的重要信息。

Q3 N5的考试科目

N5考试设有三个科目：①语言知识（文字・词汇）、②语言知识（语法）・阅读、③听力。详细出题内容请参阅题型与对策（P2—P15）。

Q4 N5合格评定标准

N5分为两个评分单项：①语言知识（文字・词汇・语法）、阅读；②听力。①的满分为120分，②的满分为60分。综合得分（①+②）的满分为180分，及格分为80分。通过单项得分和综合得分来评定是否合格。如果①的得分没有达到38分，或者②的得分没有达到19分，那么即使综合得分再高都不能视为合格。

Q5 报考流程

第一阶段：注册个人信息和上传电子照片

- 阅读考生须知
- 注册个人信息
- 登录报名系统
- 上传电子照片
- 完成个人信息注册

第二阶段：预定座位和支付考费，完成考试报名

- 登录报名系统
- 选择报考级别和考点
- 填写报名表
- 同意考生承诺书
- 完成网上支付
- 自行打印准考证
- 完成考试报名

请登录JLPT考试官网了解详情。

https://jlpt.neea.cn/

https://jlpt.neea.edu.cn/

もくじ
目录

この本の使い方

本书的使用方法

本书结构

本书包含三套模拟试题、配套解析及全文翻译（电子版）。每次模拟考试，请计时并集中精力解答。解答结束后自行评分，并认真阅读解析。

题型与对策　熟悉日语能力考试各种题型的答题要领，有针对性地掌握各种题型的备考方法。

答案及解析　不仅要知道是否答对，更要弄明白自己答错的原因。

- 对正确答案以外的选项进行解析。
- ☐ 题中出现的词语及表达方式，以及与之相关的词语及表达方式。

试题（含答题卡）　单独取出一套题，剪下末页的答题卡，模拟实际考试计时并独立完成。

备考计划

开始备考时：完成第 1 次模拟考试，了解考试的题型，测一测自身实力。

↓

根据模拟考试的结果，针对自己不擅长的单项进行集中训练

- **文字・词汇・语法：**将解析中提到的词语及表达方式抄到笔记本上，边写边记。
- **阅读：**坚持每天阅读一篇完整的日语文章。
- **听力：**边看听力原文边听录音。

↓

完成第 2 次、第 3 次模拟考试，检验自己的日语能力有没有提高。

↓

参加考试之前：扫码答题，再做一遍模拟试题，考前巩固，查缺补漏。

电子资料

N5問題の構成と対策

N5 题型与对策

時間の目安

时间分配

試験は時間との戦いです。模試を解くときも、時間をきっちりはかって解きましょう。下記はだいたいの目安です。

考试就是和时间赛跑。模拟考试时也要分配好做题时间。以下是答题的时间分配，供大家参考。

言語知識（文字・語彙）25分

	問題 问题	問題数 问题数	かける時間の目安 大题时间分配	1問あたりの時間 小题时间分配
文字・語彙	もんだい1　漢字読み	12問	4分	20秒
	もんだい2　表記	8問	3分	20秒
	もんだい3　文脈規定	10問	7分	40秒
	もんだい4　言い換え類義	5問	4分	40秒

言語知識（文法）・読解　50分

	問題	問題数	かける時間の目安	1問あたりの時間
文法	もんだい1　文の文法1（文法形式の判断）	16問	8分	30秒
	もんだい2　文の文法2（文の組み立て）	5問	5分	1分
	もんだい3　文の文法	5問	10分	2分
読解	もんだい4　内容理解（短文）	1問×3文	9分	短文1つ（1問）が3分
	もんだい5　内容理解（中文）	2問×1文	8分	中文1つ（2問）が8分
	もんだい6　情報検索	1問	7分	7分

聴解　30分

	問題	問題数	かける時間の目安	1問あたりの時間
聴解	もんだい1　課題理解	7問	1分5秒	10秒
	もんだい2　ポイント理解	6問	1分～1分30秒	10秒
	もんだい3　発話表現	5問	35秒～40秒	15秒
	もんだい4　即時応答	6問	30秒	20秒

聴解は、「あとでもう一度考えよう」と思わず、音声を聞いたらすぐに答えを考えて、マークシートに記入しましょう。

听力部分，不要总想着“我待会儿再思考一遍”，听的同时就要思考答案，然后立刻填写答题卡。

言語《げんご》知識《ちしき》（文字《もじ》・語彙《ごい》）

もんだい1　漢字読《かんじよ》み　12問《もん》

漢字で書かれたことばの読み方を答える。

选择画线处日语汉字的正确读音。

もんだい1　＿＿＿の　ことばは　ひらがなで　どう　かきますか。1・2・3・4から　いちばん　いい　ものを　ひとつ　えらんで　ください。

れい1　その　こどもは　<u>小さい</u>です。

1　ちさい　　2　ちいさい　　3　じさい　　4　じいさい

れい2　その　しんごうを　<u>右</u>に　まがって　ください。

1　みぎ　　2　ひだり　　3　ひがし　　4　にし

こたえ：れい1　2、れい2　1

POINT　答题要领

れい1のように発音や表記の正確さが問われる問題と、れい2のように漢字と語彙の意味の理解を問われる問題があります。れい2のような問題では、同じようなジャンルの語彙が選択肢に並びますが、問題文全体を読むと、正答が推測できる場合があります。

此类题型大致可以分为两种情况。一种如例1所示，重点考查词语的读音或写法是否正确；另一种如例2所示，考查汉字的读音或对词语意思的理解。像例2这样的题型，四个选项词语类型相同，有时可以通过阅读题干推测出画线处词语的意思，因此要养成做题时把题干从头到尾读一遍的习惯。

勉強法　备考方法

れい1のパターンでは、発音が不正確だと正解を選べません。漢字を勉強するときは、音とひらがなを結び付けて、声に出して確認しながら覚えましょう。一見遠回りのようですが、これをしておけば聴解力も伸びます。

像例1这样的题型，如果发音不准确则无法选中正确答案，因此学习日语汉字时，要结合汉字的读音和平假名一起记，边读边记。这样不仅可以帮助我们高效记忆，还有助于提高听力水平。

もんだい2　表記《ひょうき》　8問《もん》

ひらがなで書かれたことばをカタカナや漢字でどう書くか答える。

选择与画线处平假名词语相对应的片假名或者汉字。

もんだい2　＿＿＿＿の　ことばは　どう　かきますか。1・2・3・4から　いちばん　いい　ものを　ひとつ　えらんで　ください。

れい　この　テレビは　すこし　やすいです。

1　低い　　2　高い　　3　安い　　4　悪い

こたえ：3

POINT　答题要领

漢字の表記を問う問題に加えて、カタカナの表記を答える問題も出題されます。漢字の場合は、形が似ている漢字が選択肢に並びます。カタカナの場合は、「ソ」と「ン」、「ツ」と「シ」、「ウ」と「ワ」、「ク」と「タ」などの区別ができているかが問われます。

此类题型，除了考查日语汉字的写法外，也会考查片假名词语的写法。考查汉字写法的题，通常四个选项的汉字字形相似；考查片假名词语的题，则重点考查考生是否能够区分譬如“ソ”和“ン”、“ツ”和“シ”、“ウ”和“ワ”、“ク”和“タ”等这类形似的片假名。

勉強法　备考方法

カタカナは、書き順・形と音を正しく結びつけて覚えることが大切です。身の回りのカタカナのことばを何度も書いて覚えるようにしましょう。
漢字の学習は、語彙の学習と一緒に行うといいでしょう。ひらがなだけではなく、漢字もあわせて覚えると効果的です。送り仮名も正確に覚えるようにしましょう。

学习片假名时，要注意书写笔顺，同时也要将字形和读音结合起来记。平时要多留意身边的片假名词汇，多写多记才能牢固掌握。

日语的词汇很多都是由汉字和平假名组成的，因此汉字学习与词汇学习一起进行效果会更好。同时，记住汉字在词汇中的读法也很重要。

もんだい3　文《ぶん》脈《みゃく》規《き》定《てい》　10問《もん》

（　　　）に入れるのにいいことばを選ぶ。

在（ ）中填入恰当的词语。

もんだい3　（　　）に　なにが　はいりますか。1・2・3・4から　いちばん　いい　ものを　ひとつ　えらんで　ください。

れい　きのう　サッカーを　（　　　）しました。

1　れんしゅう　　2　こしょう　　3　じゅんび　　4　しゅうり

こたえ：1

POINT 答题要领

名詞、形容詞、副詞、動詞のほか、助数詞やカタカナ語の問題が出題されます。

此类题型除考查名词、形容词、副词、动词以外，也经常考查量词和片假名词汇。

勉強法 备考方法

動詞の問題では、文中に出てくる名詞がヒントになることがあります。動詞を覚えるときは、「しゃしんをとります」のように名詞とセットにして覚えるといいでしょう。語彙を勉強するときは、単語の意味だけを覚えるのではなく、例文ごと覚えると、意味と使い方が記憶に残りやすくなります。

考查动词的题，文中出现的名词常常会成为解题的线索。学习动词时，最好把该动词和与之搭配的名词一起作为一个词组来记忆，如“しゃしんをとります”。

学习词汇时，不仅要记住词语的意思，还要掌握该词的用法，可以通过记住完整的例句来加深印象。

もんだい4　言《い》い換《か》え類《るい》義《ぎ》　5問《もん》

______の語や表現と意味が近い語や表現を選ぶ。

选择与______部分意思相近的选项。

もんだい4　______の　ぶんと　だいたい　おなじ　いみの　ぶんが　あります。1・2・3・4から　いちばん　いい　ものを　ひとつ　えらんで　ください。

れい　わたしは　にほんごの　ほんが　ほしいです。

1　わたしは　にほんごの　ほんを　もって　います。

2　わたしは　にほんごの　ほんが　わかります。

3　わたしは　にほんごの　ほんを　うって　います。

4　わたしは　にほんごの　ほんを　かいたいです。

こたえ：4

POINT 答题要领

まず4つの選択肢の異なっている部分を見て、最初の文の対応している部分と比べます。共通している部分はあまり気にしなくていいです。

首先观察四个选项不同的部分，并与画线句子中相对应的部分进行比较。选项中相同的部分则不必太在意。

勉強法 备考方法

前のページのれいの場合、「ほしいです」の部分が言い換えられていることがわかりますから、ここに注目して選択肢を見ます。形容詞や動詞は、反対の意味のことばと一緒に覚えておくと役に立ちます。

从上述例题中可以看出，“ほしいです”的部分被替换成了其他表达，因此需要特别注意此处并认真阅读选项。学习形容词和动词时，可以将与之对应的反义词一并记住。

言語知識《げんごちしき》（文法《ぶんぽう》）・読解《どっかい》

もんだい1　文《ぶん》の文法《ぶんぽう》1（文法形式《ぶんぽうけいしき》の判断《はんだん》）　16問《もん》

文の中の（　　　）に入れるのにいちばんいいことばを選ぶ。

在（　）中填入最恰当的词语。

もんだい1　（　　）に　何《なに》を　入《い》れますか。1・2・3・4から　いちばん　いい　ものを　一《ひと》つ　えらんで　ください。

れい　きのう　ともだち（　　　）　こうえんへ　いきました。

1　と　　2　を　　3　は　　4　や

こたえ：1

POINT　答题要领

（　　　）に入る語は、1文字の助詞から始まりますが、だんだん文字数が多くなり、動詞を含む10文字程度のものも出題されます。2人の会話形式のものもあります。問題文を読んで状況を理解し、時制や文末表現（～ます、～ました、～ましょう、～ません など）に注意して正解を選びましょう。

填入（　　　）中的词，除了助词外，也有动词、名词等。提问有时也会以对话的形式出现。仔细阅读提问，理解提问中描述的情景，同时注意时态或句末表达（～ます、～ました、～ましょう、～ません 等），并选出正确答案。

勉強法　备考方法

助詞の問題は必ず出題されます。それぞれの助詞がどのように使われるかを例文で覚えるといいでしょう。新しい文法を覚えるときは、実際に使われる場面をイメージして覚えます。会話で覚えるのも効果的です。

此类题型一定会出现考查助词的题，可以通过例句记忆每个助词的用法。在学习新的语法时，想象该语法实际使用的场景有助于我们更好地记忆。此外，通过对话进行语法记忆也很有效果。

もんだい2　文《ぶん》の文法《ぶんぽう》2（文《ぶん》の組《く》み立《た》て）　5問《もん》

文にある4つの＿＿＿＿にことばを入れ、＿★＿に入る選択肢を答える。

将四个选项进行排序以组成正确的句子，在＿★＿填入相对应的数字。

> **もんだい2　＿★＿に　入《はい》る　ものは　どれですか。1・2・3・4から　いちばん　いい　ものを　一《ひと》つ　えらんで　ください。**
>
> A「いつ　＿＿＿＿　＿＿＿＿　＿★＿　＿＿＿＿　か。」
> B「3月《がつ》です。」
>
> 1　くに　　　2　へ　　　3　ごろ　　　4　かえります
>
> **こたえ：2**

POINT　答题要领

4つの選択肢を見て、どれとどれがつながるのかを考えます。＿＿＿＿の前後のことばにも注目して考えると、つながりを予測しやすくなります。★の位置は問題ごとに異なります。2番目か3番目にあることが多いですが、違う場合もあるので注意しましょう。

四个选项中，由于某些选项可以连接成词组，所以需要仔细观察。同时，从＿＿＿＿前后的词语中也可以推测出句子的连贯性。每题★的位置都不一样，通常会出现在第二或第三个空白栏处，但也有例外，需要注意。

勉強法　备考方法

文型を覚えるときは、接続する形を確実に覚えるようにしましょう。たとえば、「～ながら」の文型は、「動詞ます形の『ます』をとって『ながら』をつける」ということまで理解しておく必要があります。

学习句型知识时，要牢记接续形式。例如“～ながら”的句型，需要理解并记住“ながら”前接动词ます形去掉ます的形式（如“食べながら”“飲みながら”等）。

もんだい3　文《ぶん》の文法《ぶんぽう》　5問《もん》

文章の流れに合った表現を選択肢から選ぶ。

阅读短文，选择符合文章大意的选项。

もんだい3　れい1　から　れい4　に　何《なに》を　入《い》れますか。ぶんしょうの　いみを　かんがえて、1・2・3・4から　いちばん　いい　ものを　一《ひと》つ　えらんで　ください。

アナさんと　どうぶつえんへ　行《い》きました。どうぶつえんは　れい1　おもしろい　ところでした。どうぶつえんで　ぞうを　見《み》ました。どうぶつえんの　近《ちか》くに　カフェが　ありました。わたしたちは　カフェで　サンドイッチを　れい2　。食《しょく》事《じ》を　しながら　国《くに》の　ことを　話《はな》しました。たくさん　あるきましたから　つかれました。れい3　、とても　たのしかったです。

れい1	1　にぎやか	2　にぎやかに	3　にぎやかな	4　にぎやかで
れい2	1　食《た》べます	2　食《た》べています	3　食《た》べました	4　食《た》べましょう
れい3	1　それに	2　でも	3　だから	4　では

こたえ：れい1　4、れい2　3、れい3　2

POINT 答题要领

あるテーマについて学生が書いた作文が2つ示されます。1つの作文は130字程度で、その中に2つまたは3つの空所があります。接続詞は、順接（だから、それで など）・逆接（でも、しかし など）・添加（それに、そして、それから など）がよく出題されます。前後の文を読んでつながりを考えましょう。文中・文末表現は、助詞や文型の知識が必要です。作文で説明されている場面を理解して、どのような意味になるのか考えると、正解が推測しやすくなります。

该大题会出现两篇学生写的话题作文。每篇作文130字左右，其中会有两到三个空白处。经常考查接续词，如顺接（だから、それで等）、逆接（でも、しかし等）、添加（それに、そして、それから等）。考查接续词的题，需要阅读空白处前后的句子，并思考其相互间的联系。考查句中、句末表达的题，需要用到助词或句型的知识。理解文章所描述的场景，思考作者想要表达的意思，从而推断出正确答案。

勉強法 备考方法

POINT で示した接続詞を覚えておきましょう。文章を読む練習をするときに、接続詞を確認しながら読むと、覚えやすくなります。文中・文末表現は、正しい文法知識を身に付けておけば難しくありません。文法項目は例文で覚えておくと、この問題でも役に立ちます。

记住上述“要领”中提到的接续词。在进行阅读训练时，要有意识地确认接续词的用法，这样才能将其牢固掌握。对于考查句中、句末表达的题，若是掌握了相关的语法知识，就能轻松解答出来。在本题中通过例句记忆语法，不失为一种有效的学习方法。

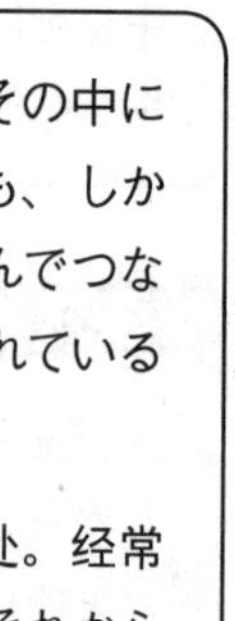

もんだい4　内容理解《ないようりかい》（短文《たんぶん》）　1問《もん》×3

80字程度のテキストを読んで、内容に関する選択肢を選ぶ。

阅读 80 字的短文，选择符合文章内容的选项。

POINT 答题要领

お知らせやメモなどを含む短い文章を読み、文章の主旨を理解したうえで正しい選択肢を選ぶ問題です。質問を読んで、問われている部分を本文中から探し出し、印をつけて、選択肢と照らし合わせます。

该大题需要阅读通知、笔记等短文，在理解文章主旨的基础上选择正确答案。仔细阅读提问，在文章中找出被问及的部分，做好标记并与选项对照。

もんだい5　内容理解《ないようりかい》（中文《ちゅうぶん》）2問《もん》×1

250字程度の文章を読んで、内容に関する選択肢を選ぶ。

阅读 250 字左右的文章，选择符合文章内容的选项。

POINT 答题要领

日常的な話題を題材にした文章（作文）が出題されます。質問は、下線部や文章全体の理解を問うものです。特に理由を問う問題は、下線部の前後にヒントがある場合が多いです。

该大题需要阅读以日常话题为题材的文章（作文）。提问主要涉及对文中下划线部分的理解以及对文章整体的理解，特别是询问理由的题，通常可以在下划线的前后文中找到线索。

勉強法 备考方法

まずは、全体をざっと読むトップダウンの読み方で大意を把握し、次に問題文を読んで、下線部の前後など、解答につながりそうな部分をじっくり見るボトムアップの読み方をするといいでしょう。日ごろの読解練習でも、まずざっと読んで大意を把握してから、丁寧に読み進めるという2つの読み方を併用してください。

首先，“自上而下”粗略地阅读整篇文章，把握文章大意；然后阅读提问，“自下而上”细读、跳读，聚焦下划线部分前后的语句等，仔细阅读与提问相关的部分。在日常的阅读训练中，要有意识地结合使用“自上而下”和“自下而上”这两种阅读方法，先粗略阅读全文，把握文章大意后，再仔细阅读。

もんだい6　情報《じょうほう》検索《けんさく》　1問《もん》

案内やお知らせなどの中から必要な情報を探し出して答える。

从指南、通知中读取必要信息并回答问题。

POINT 答题要领

何かの情報を得るためにチラシなどを読むという、日常の読解活動に近い形の問題です。質問に含まれる日時や料金など問題を解く手がかりになるものには下線を引き、表やチラシの該当する部分を丸で囲むなどすると、答えが見えてきます。

　此类题型接近我们日常的阅读活动，如阅读传单等以获取信息。此类题型经常会对文中出现的日期、时间以及费用进行提问。认真阅读提问，标出提问中与解题相关的部分，然后在表格或宣传单中找到并标出与之相对应的部分，这样答案就会一目了然。

聴《ちょう》解《かい》

POINT 答题要领

「この問題では何を聞き取るのか」を常に意識しておくことが大切です。問題形式ごとに着目すべきポイントが異なりますから、注意しましょう。イラストがある問題は、はじめにイラストに目を通しておくと、落ち着いて解答することができます。

解答听力题的关键是要意识到“这个问题需要听取什么内容”。每道题需要留意的地方都不同，因此要注意。有插图的题，事先浏览一遍插图，可以更好地答题。

勉強法 备考方法

聴解は、読解のようにじっくり情報について考えることができません。わからない語彙があっても、瞬時に内容や発話意図を把握できるように、たくさん練習して慣れましょう。とはいえ、やみくもに聞いても聴解力はつきません。話している人の目的を把握したうえで聞くようにしましょう。また、聴解力を支える語彙・文法の基礎力と情報処理スピードを上げるため、語彙も音声で聞いて理解できるようにしておきましょう。

听力部分无法像阅读题那样可以充分思考。我们要做到即使有不懂的词汇，也能够瞬间把握对话内容和说话人意图，所以大量的练习非常重要。话虽如此，没头没脑地听是无法提高听力水平的，要在把握说话人意图的基础上进行听力训练。另外，词汇、语法和信息处理速度是听力的基础，因此在学习词汇时，可以边听边理解词义，从而提高听力水平。

もんだい1　課題理解《かだいりかい》　7問《もん》

2人の会話を聞いて、ある課題を解決するのに必要な情報を聞き取る。

听两个人的对话，听取解决某一课题所需的信息。

練習する
听例题

▼

じょうきょうせつめいとしつもんを聞《き》く
听场景说明和提问

▼

かいわを聞《き》く
听两人之间的对话

▼

もう一度《いちど》しつもんを聞《き》く
再听一遍提问

▼

答《こた》えをえらぶ
选择答案并涂卡

もんだい1では、はじめに　しつもんを　きいて　ください。それから　はなしを　きいて、もんだいようしの　1から4の　なかから、いちばん　いい　ものを　ひとつ　えらんで　ください。

男《おとこ》の人《ひと》と女《おんな》の人《ひと》が話《はな》しています。女《おんな》の人《ひと》は、明日《あした》まずどこへ行《い》きますか。

M：明日《あした》、映画《えいが》を見《み》に行《い》きませんか。
F：すみません。明日《あした》はアメリカから友《とも》だちが来《き》ますから、ちょっと…。
M：そうですか。空港《くうこう》まで行《い》きますか。
F：いいえ、電車《でんしゃ》の駅《えき》で会《あ》います。それから、いっしょに動物園《どうぶつえん》へ行《い》きます。

女《おんな》の人《ひと》は、明日《あした》まずどこへ行《い》きますか。

1　どうぶつえん
2　えいがかん
3　くうこう
4　でんしゃの　えき

答え：4

POINT　答题要领

1回目の質問をよく聞いて、聞き取るべきポイントを理解することが大切です。この問題では、「会話のあとでどのように行動するか」が問われますから、その根拠となる部分を聞き取りましょう。

认真听开头的提问，理解该问题应该听取的要点是什么。此类题型会问到“对话结束后如何行动”，因此要注意听取成为其依据的部分。

もんだい2　ポイント理解《りかい》　6問《もん》

2人、または1人の話を聞いて、話のポイントを聞き取る。

听两个人的会话或者一个人的独白，听取整段的要点。

練習する
听例题

▼

じょうきょうせつめいとしつもんを聞《き》く
听场景说明和提问

▼

話《はなし》を聞《き》く
听正文

▼

もう一度《いちど》しつもんを聞《き》く
再听一遍提问

▼

答《こた》えをえらぶ
选择答案并涂卡

もんだい2では、はじめに　しつもんを　きいて　ください。それから　はなしを　きいて、もんだいようしの　1から4の　なかから、いちばん　いい　ものを　ひとつ　えらんで　ください。

学校《がっこう》で、男《おとこ》の学生《がくせい》と女《おんな》の先生《せんせい》が話《はな》しています。男《おとこ》の学生《がくせい》はいつ先生《せんせい》と話《はな》しますか。

M：先生《せんせい》、レポートのことを話《はな》したいです。
F：そうですか。これから会議《かいぎ》ですから、3時《じ》からはどうですか。
M：すみません、3時半《じはん》からアルバイトがあります。
F：じゃあ、明日《あした》の9時《じ》からはどうですか。
M：ありがとうございます。おねがいします。
F：10時《じ》からクラスがありますから、それまで話《はな》しましょう。

男《おとこ》の学生《がくせい》はいつ先生《せんせい》と話《はな》しますか。

1　きょうの　3じ
2　きょうの　3じはん
3　あしたの　9じ
4　あしたの　10じ

こたえ：3

POINT 答题要领

もんだい1と同様に、1回目の質問をよく聞いて、聞き取るべきポイントを理解することが大切です。この問題では、聞くべきことが質問で示されるので、ポイントを絞って聞く練習を重ねましょう。

和第一大题一样，第二大题也需要认真听开头的提问，并理解该问题应该听取的要点是什么。该大题会在开头的提问中明确指出应该听取的内容，因此要抓住要点与重点来听，平时要多加练习。

もんだい3　発話表現《はつわひょうげん》　5問《もん》

イラストを見ながら、状況説明を聞いて、最もいい発話を選ぶ。

看插图并听录音，选择最适合该场景的表达。

練習する 听例题

イラストを見《み》る 看插图

▼

じょうきょうせつめいを聞《き》く 听场景说明和提问

▼

1～3を聞《き》く 听选项1~3

▼

答《こた》えをえらぶ 选择答案并涂卡

もんだい3では、えを　みながら　しつもんを　きいて　ください。→（やじるし）の　ひとは　なんと　いいますか。1から3の　なかから、いちばん　いい　ものを　ひとつ　えらんで　ください。

朝《あさ》、学校《がっこう》で先生《せんせい》に会《あ》いました。何《なん》と言《い》いますか。

1　おはようございます。
2　おやすみなさい。
3　おつかれさまでした。

こたえ：1

POINT 答题要领

最初に流れる状況説明と問題用紙に描かれたイラストから、場面や登場人物の関係をよく理解したうえで、その状況にふさわしい伝え方、受け答えを考えましょう。

根据最初播放的场景描述以及插图，理解对话场景或者登场人物的关系，在此基础上思考适合该场合的表达方式或应答方式。

もんだい4　即《そく》時《じ》応《おう》答《とう》　6問《もん》

質問、依頼などの短い発話を聞いて、適切な答えを選ぶ。

听一句简短的提问或者请求，选择最适合的应答。

練習する
听例题

しつもんなどを聞《き》く
听提问

▼

1～3を聞《き》く
听选项1~3

▼

答《こた》えをえらぶ
选择答案并涂卡

もんだい4は、えなどが　ありません。ぶんを　きいて、1から3の　なかから、いちばん　いい　ものを　ひとつ　えらんで　ください。

🔊 お名前《なまえ》は。

1　18さいです。
2　田中《たなか》ともうします。
3　イタリア人《じん》です。

こたえ：2

勉強法　备考方法

もんだい3と4には、挨拶や、日常生活でよく使われている依頼、勧誘、申し出などの表現がたくさん出てきます。日頃から注意して覚えておきましょう。文型についても、読んでわかるだけでなく、耳から聞いてもわかるように勉強しましょう。

在问题3和问题4中会出现很多寒暄语，也会出现很多日常生活中经常使用的请求、劝诱、提议等表达。平时用到或者听到这样的表达方式时，就将它们记下来吧。句型也是一样，不仅要看得懂，还要听得懂。

第《だい》1回《かい》　解答《かいとう》・解説《かいせつ》

第1套模拟试题答案及解析

ごうかくもし　かいとうようし

N5 げんごちしき（もじ・ごい）

正答《せいとう》　答案

じゅけんばんごう Examinee Registration Number		なまえ Name	

〈ちゅうい　Notes〉

1. くろいえんぴつ（HB、No.2）でかいてください。
   Use a black medium soft (HB or No.2) pencil.
   （ペンやボールペンではかかないでください。）
   (Do not use any kind of pen.)
2. かきなおすときは、けしゴムできれいにけしてください。
   Erase any unintended marks completely.
3. きたなくしたり、おったりしないでください。
   Do not soil or bend this sheet.
4. マークれい Marking Examples

よいれい Correct Example	わるいれい Incorrect Examples
●	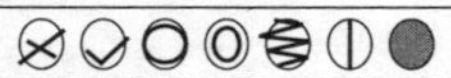

もんだい1

1	①	②	③	●
2	●	②	③	④
3	①	②	③	●
4	①	②	●	④
5	①	●	③	④
6	①	②	●	④
7	①	②	③	●
8	①	②	③	●
9	●	②	③	④
10	①	②	③	●
11	●	②	③	④
12	●	②	③	④

もんだい2

13	①	②	●	④
14	①	②	●	④
15	①	●	③	④
16	①	②	③	●
17	①	●	③	④
18	①	②	③	●
19	●	②	③	④
20	①	②	③	●

もんだい3

21	①	●	③	④
22	①	●	③	④
23	①	②	③	●
24	●	②	③	④
25	●	②	③	④
26	①	●	③	④
27	①	②	●	④
28	①	②	③	●
29	①	②	●	④
30	①	②	③	●

もんだい4

31	●	②	③	④
32	①	●	③	④
33	●	②	③	④
34	①	②	●	④
35	●	②	③	④

ごうかくもし　かいとうようし

N5 げんごちしき（ぶんぽう）・どっかい

正答《せいとう》　答案

じゅけんばんごう Examinee Registration Number		なまえ Name	

〈ちゅうい　Notes〉

1. くろいえんぴつ（HB、No.2）でかいてください。
   Use a black medium soft (HB or No.2) pencil.
   （ペンやボールペンではかかないでください。）
   (Do not use any kind of pen.)
2. かきなおすときは、けしゴムできれいにけしてください。
   Erase any unintended marks completely.
3. きたなくしたり、おったりしないでください。
   Do not soil or bend this sheet.
4. マークれい Marking Examples

よいれい Correct Example	わるいれい Incorrect Examples
●	

もんだい1				
1	①	●	③	④
2	①	②	●	④
3	①	●	③	④
4	①	②	③	●
5	①	②	●	④
6	①	●	③	④
7	①	②	●	④
8	①	②	③	●
9	①	②	③	●
10	●	②	③	④
11	①	●	③	④
12	①	②	●	④
13	①	②	●	④
14	●	②	③	④
15	①	②	③	●
16	①	●	③	④
もんだい2				
17	①	②	●	④
18	●	②	③	④
19	①	②	●	④
20	①	②	③	●
21	①	②	③	●

もんだい3				
22	①	●	③	④
23	●	②	③	④
24	①	②	③	●
25	①	②	●	④
26	①	●	③	④
もんだい4				
27	①	②	●	④
28	①	②	③	●
29	①	②	●	④
もんだい5				
30	①	●	③	④
31	①	●	③	④
もんだい6				
32	①	●	③	④

ごうかくもし　かいとうようし

N5 ちょうかい

正答《せいとう》　答案

じゅけんばんごう Examinee Registration Number		なまえ Name	

〈ちゅうい　Notes〉

1. くろいえんぴつ（HB、No.2）でかいてください。
   Use a black medium soft (HB or No.2) pencil.
   （ペンやボールペンではかかないでください。）
   (Do not use any kind of pen.)
2. かきなおすときは、けしゴムできれいにけしてください。
   Erase any unintended marks completely.
3. きたなくしたり、おったりしないでください。
   Do not soil or bend this sheet.
4. マークれい Marking Examples

よいれい Correct Example	わるいれい Incorrect Examples
●	⊗ ✓ ○ ◎ ⊜ ⦶ ●

もんだい1

れい	①	②	③	●
1	①	②	③	●
2	①	②	●	④
3	①	②	●	④
4	①	●	③	④
5	①	●	③	④
6	①	●	③	④
7	●	②	③	④

もんだい2

れい	①	②	●	④
1	①	●	③	④
2	①	②	③	●
3	①	②	③	●
4	●	②	③	④
5	●	②	③	④
6	●	②	③	④

もんだい3

れい	●	②	③
1	●	②	③
2	①	●	③
3	①	●	③
4	①	②	●
5	●	②	③

もんだい4

れい	①	●	③
1	①	●	③
2	●	②	③
3	●	②	③
4	①	●	③
5	①	②	●
6	①	②	●

採《さい》点《てん》表《ひょう》 评分表

		配点《はいてん》 分数分配	正答数《せいとうすう》 正答数	点数《てんすう》 得分
もじ・ごい	もんだい1	1点×12問	／12	／12
	もんだい2	1点×8問	／ 8	／ 8
	もんだい3	1点×10問	／10	／10
	もんだい4	2点×5問	／ 5	／10
ぶんぽう	もんだい1	2点×16問	／16	／32
	もんだい2	2点×5問	／ 5	／10
	もんだい3	3点×5問	／ 5	／15
どっかい	もんだい4	4点×3問	／ 3	／12
	もんだい5	4点×2問	／ 2	／ 8
	もんだい6	3点×1問	／ 1	／ 3
	ごうけい	120点		／120

		配点《はいてん》	正答数《せいとうすう》	点数《てんすう》
ちょうかい	もんだい1	3点×7問	／ 7	／21
	もんだい2	3点×6問	／ 6	／18
	もんだい3	3点×5問	／ 5	／15
	もんだい4	1点×6問	／ 6	／ 6
	ごうけい	60点		／60

※本评分表是由本书作者根据试题难易程度而制作的。

解説《かいせつ》 解析

言語知識《げんごちしき》（文字《もじ》・語彙《ごい》）

もんだい1

1 4 あたらしい

新《あたら》しい:新的，崭新的

2 やさしい:简单的；亲切的

3 たのしい:开心的，快乐的

2 1 てんき

天気《てんき》:天气

3 電気《でんき》:电；电灯

3 4 おもい

重《おも》い:重的

1 おそい:慢的

2 多《おお》い:多的

3 とおい:远的

4 3 ゆうめい

有名《ゆうめい》な:有名的

5 2 みみ

耳《みみ》:耳朵

1 頭《あたま》:头

3 足《あし》:脚

4 目《め》:眼睛

6 3 ひだり

左《ひだり》:左边

1 西《にし》:西边

2 東《ひがし》:东边

4 右《みぎ》:右边

7 4 ねえ

お姉《ねえ》さん・姉《あね》:姐姐

お兄《にい》さん・兄《あに》:哥哥

8 4 はいります

入《はい》ります:进入

1 まいります:（"行きます、来ます"的自谦语）

去；来

2 帰《かえ》ります:回，回来

3 いります:需要

9 1 しゃちょう

社長《しゃちょう》:社长

10 4 はん

～時《じ》半《はん》:……点半

1 ～分《ふん》:……分

3 ～本《ほん》:用于计数细长物的量词

11 1 ようか

八日《ようか》:八号（日期）

2 四日《よっか》:四号（日期）

3 六日《むいか》:六号（日期）

4 九日《ここのか》:九号（日期）

12 1 なか

～の 中《なか》:……的里面

もんだい2

13 3 パソコン

パソコン:电脑

14 **3 先生**

先生《せんせい》：老师

15 **2 開けます**

開《あ》けます：开，打开

1 閉《し》めます：关，关闭

16 **4 雨**

雨《あめ》：雨

17 **2 金**

金曜日《きんようび》：星期五

18 **4 母**

母《はは》：母亲

1 百《ひゃく》：百

2 白《しろ》：白色

19 **1 食べます**

食《た》べます：吃

20 **4 休みます**

休《やす》みます：休息

もんだい3

21 **2 テレビ**

テレビ：电视

ニュース：新闻

1 ボタン：按钮

3 フォーク：叉子

4 ギター：吉他

22 **2 かりて**

借《か》ります：借，借用

1 かかります：花费（金钱）；耗费（时间）

3 かぶります：戴（帽子）

4 帰《かえ》ります：回，回来

23 **4 うわぎ**

上着《うわぎ》：外衣

1 めがね：眼镜

2 くつ：鞋子

3 ぼうし：帽子

24 **1 およぎました**

泳《およ》ぎます：游泳

2 むかえます：迎，迎接

3 生《う》まれます：出生

4 送《おく》ります：送

25 **1 だい**

～だい：用于计数车辆或机器的量词

2 ～まい：用于计数片状物的量词

3 ～ひき：用于计数动物的量词

4 ～こ：……个，用于计数一般事物的量词

26 **2 つめたい**

つめたい：冷的，凉的

1 きたない：脏的

3 長《なが》い：长的

4 いそがしい：忙碌的

27 **3 かけます**

（電話《でんわ》を）かけます：打（电话）

1 話《はな》します：说，讲

2（電気《でんき》を）つけます：开（灯）

4 はらいます：支付

28 **4 どちら**

どちら：哪个；哪里

1 いつ：什么时候

3 どこ：哪里

29 **3 じょうず**

じょうずな：擅长的，拿手的

1 きれいな：干净的；漂亮的

2 おいしい：好吃的，美味的

4 べんりな：便利的，方便的

30　4 とらないで

～ないで ください：请不要……

（写真《しゃしん》を） とります：拍（照片）

1（たばこを） すいます：吸（烟）

2 のぼります：攀，登

3 ぬぎます：脱，脱下

もんだい4

31　1 しごとは　9じに　はじまって　5じに　おわります。

Aから Bまで：从A到B

始《はじ》まります：开始

終《お》わります：结束

3・4 ～時間《じかん》：……小时

32　2 せんせいは　いま　がっこうに　いません。

もう：已经；再

1 まだ：还（未），仍旧

4 ときどき：有时

33　1 ちちの　ちちは　けいさつかんです。

そふ：祖父

けいさつかん：警察

父《ちち》：父亲

2 母《はは》：母亲

3 きょうだい：兄弟姐妹

4 りょうしん：父母，双亲

34　3 いもうとは　いつも　ひまじゃ　ありません。

妹《いもうと》：妹妹

毎日《まいにち》：每天

いそがしい＝ひまじゃない：忙

1・2 ときどき：有时

3・4 いつも：经常，总是

1 にぎやかな：热闹的

2 たのしい：开心的，快乐的

4 へたな：不擅长的，拙劣的

35　1 かなさんは　あいさんに　おもしろい　DVDを　かしました。

かなさん→［DVD］→あいさん

Aは Bに ～を 借《か》ります：A向B借……

Bは Aに ～を 貸《か》します：B借给A……

おもしろい：有趣的

2・4 Aは Bに ～を もらいます：A从B处得到……

言語知識《げんごちしき》（文法《ぶんぽう》）

もんだい1

1　2に

[時間《じかん》] ＋に：(表示时间) 在，于

れい　毎朝《まいあさ》 9時《じ》に 起《お》きます。／毎天早上9点起床。

2　3を

[場所《ばしょ》] ＋を：表示通过某处

れい　公園《こうえん》を さんぽします。／在公园散步。

3　2で

～ で 何《なに》が いちばん 好《す》きですか：在……中你最喜欢什么?

れい　この クラスで だれが いちばん せが 高《たか》いですか。／在这个班里，谁是个子最高的?

4　4や

Aや B：列举具有代表性的事物

れい　ひきだしの 中《なか》に はさみや ペンが あります。／抽屉里有剪刀、铅笔等。

5　3の

Aの B：在添加有关B的说明或信息(A)时使用

れい　日本語《にほんご》の 本《ほん》／日语书
女《おんな》の 先生《せんせい》／女老师

6　2ね

ね：表示同感或共鸣

れい　A「暑《あつ》いですね。」／A：“好热呀。”
B「そうですね。」／B：“是呀。”

7　3この

この＋[名詞《めいし》]：这个……

れい　この カレーは からいです。／这个咖喱辣。

8　4あまり

あまり ～ない：不怎么……

れい　きょうは あまり さむくない。／今天不怎么冷。

9　4も

Aは ～です。Bも ～です。：表示B具有与A相同的性质

れい　木村《きむら》さんは 日本人《にほんじん》です。田中《たなか》さんも 日《に》本人《ほんじん》です。／木村是日本人，田中也是日本人。

10　1あそびに

[動詞《どうし》ます形《けい》] ＋に 行《い》きます：去做某事 (前接动词ます形)

れい　海《うみ》へ およぎに 行《い》きます。／去海里游泳。

11　2どの

どの＋[名詞《めいし》]：哪个……

れい　どの 本《ほん》を 買《か》いますか。／买哪本书?

12　3どのぐらい

どのぐらい：多长时间；多少钱

れい　A「大学《だいがく》まで どのぐらい かかりますか。」／A：“到学校花了多长时间?”
B「1時間《じかん》ぐらいです。」／B：“1个小时左右。”

13 **3 だれも**

だれも ～ません：谁也没……

れい まだ だれも 来《き》ません。／还没有人来。

14 **1 なにに**

～に します：表示从众多事物中选择其中一个

れい お昼《ひる》ごはんは サンドイッチに します。／午饭决定吃三明治。

15 **4 かぶっている**

～を かぶります：(从头上) 戴，盖，蒙

～ている 人《ひと》：对某人的着装或身上佩戴的物品进行说明

れい A「ダンさんは どの人《ひと》 ですか。」／A："小段是哪一位？"

B「黒《くろ》い セーターを 着《き》ている 人です。」／B："穿黑色毛衣的那位。"

16 **2 おねがいします**

よろしく おねがいします：对初次见面的人说的寒暄语

もんだい2

17 **3**

大学《だいがく》 2の 4べんきょう 3は 1どう ですか。

～は どうですか：……怎么样？

18 **1**

わたしは日本《にほん》の 2うた 4を 1うたう 3の がすきです。

[動詞辞書形《どうしじしょけい》] ＋のが 好《す》きです：喜欢做某事 (前接动词辞书形)

歌《うた》：歌曲

歌《うた》う：唱歌

19 **3**

山川《やまかわ》さんは 1おんがくを 4きき 3ながら 2しゅくだいを しています。

A [動詞《どうし》ます形《けい》] ＋ながら＋B [動詞《どうし》]：做A的同时也在做B

宿題《しゅくだい》：作业

20 **4**

この 3教室《きょうしつ》 1では 4たばこ 2を すわないでください。

～ないで ください：请不要……

21 **4**

りょこうのとき、 2ふるい 1おてらへ 4行《い》ったり 3スキーを したりしました。

～たり、～たり：又……又……（表示列举）

もんだい3

22 **2 に**

[場所《ばしょ》] ＋に：表示人或者事物存在的场所

23 **1 でも**

でも：但是

2 もっと：更，更加

3 では：那么

4 あとで：在……之后；稍后

24 **4 働《はたら》いて います**

表示工作时使用 "～ て います"

れい 銀行《ぎんこう》で 働《はたら》いて います。／在银行工作。(表示工作)

今《いま》 ごはんを 食《た》べて います。／现在正在吃饭。(表示动作正在进行)

25 **3 休《やす》みでした**

因为是 "昨天"，所以要使用过去式。

26　2 会《あ》いたいです

また：再，再次

れい　また 遊《あそ》びに 来《き》て ください。／请再来玩。

～たいです：想要……

れい　のどが かわきましたから、水《みず》が 飲《の》みたいです。／因为口渴，所以想喝水。

読《どっ》解《かい》

もんだい４

(1) 27 3

わたしは　子《こ》どもの　とき、きらいな　食《た》べものが　ありました。にくと　やさいは　好《す》きでしたが、さかなは　好《す》きじゃ　ありませんでした。今《いま》は、さかな料理《りょうり》も　大好《だいす》きで、よく　食《た》べます。でも、今《いま》　ダイエットを　していますから、あまいものは　食《た》べません。

さかなは 好《す》きじゃ なかった＝さかなが きらいだった

不喜欢吃鱼＝讨厌吃鱼

覚えよう

□にく：肉

□やさい：蔬菜

□さかな：鱼

□ダイエット：减肥

□あまいもの：甜食

(2) 28 4

コウさんへ

映画《えいが》の　チケットが　２まい　あります。いっしょに　行《い》きませんか。

場所《ばしょ》は、駅《えき》の　前《まえ》の　映画館《えいがかん》です。今週《こんしゅう》の　土曜日《どようび》か　日曜日《にちようび》に　行《い》きたいです。

コウさんは　いつが　いいですか。電話《でんわ》で　教《おし》えて　ください。

メイ

メイさんに 電話《でんわ》を かけて、いつ 行《い》きたいか 言《い》う。

小光给小梅打电话，告诉小梅想什么时候去看电影。

覚えよう

□映画《えいが》：电影

□チケット：票

□映画館《えいがかん》：电影院

□教《おし》えます：告知

(3) 29 3

Aクラスの　みなさんへ

高木先生《たかぎせんせい》が　病気《びょうき》に　なりました。今日《きょう》の　午後《ごご》の　授業《じゅぎょう》は　ありません。

あしたは　午後《ごご》から　授業《じゅぎょう》が　あります。あさっては　午前《ごぜん》だけ授業《じゅぎょう》が　あります。

あさっての　授業《じゅぎょう》で　かんじの　テストを　しますから、テキストの21ページから　23ページまでを　べんきょうして　ください。

12月《がつ》15日《にち》

ASK日本語学校《にほんごがっこう》

かんじの テストは あさっての 午前《ごぜん》に する。

今日《きょう》は 12月《がつ》15日《にち》だから、あさっては 12月《がつ》17日《にち》。

汉字考试是在后天上午。今天是 12 月 15 日，所以后天是 12 月 17 日。

覚えよう

□病気《びょうき》に なります：生病	□あさって：后天
□午後《ごご》：下午	□午前《ごぜん》：上午
□授業《じゅぎょう》：上课	□テキスト：课本，教科书

もんだい5

30 2　31 2

ルカさんと　出《で》かけました

リン・ガク

先週《せんしゅう》の　日曜日《にちようび》、朝《あさ》ごはんを　食《た》べた　あとで、おべんとうを作《つく》りました。わたしは　料理《りょうり》が　好《す》きですから、いつも　じぶんでごはんを　作《つく》ります。それから、ルカさんと　会《あ》って、いっしょに海《うみ》へ　およぎに　行《い》きました。わたしは　たくさん　およぎました。でも、ルカさんは　①およぎませんでした。**30**「きのう　おそくまでおきて　いましたから、ねむいです。」と言《い》って、休《やす》んで　いました。そのあと、わたしが　作《つく》った　おべんとうを　いっしょに　食《た》べました。

30　きのう おそくまで おきていて ねむい。だから、およがなかった。

卢卡昨天很晚都没睡，因为很困，所以没有游泳。

ルカさんは　来週《らいしゅう》　たんじょうびですから、プレゼントを　あげました。電車《でんしゃ》の　本《ほん》です。ルカさんは、電車《でんしゃ》が　好《す》きで、いつも　電《でん》車《しゃ》の　話《はなし》を　しますが、わたしは　よく　わかりません。きのう、図《と》書館《しょかん》で　②電車《でんしゃ》の　本《ほん》を　かりました。**31** この本《ほん》を　読《よ》んで、ルカさんと　電車《でんしゃ》の　話《はなし》を　したいです。

31　ルカさんと 電車《でんしゃ》の 話《はなし》を したい。だから、電車《でんしゃ》の 本《ほん》を かりた。

因为想和卢卡一起谈论关于电车的话题，所以借了关于电车的书。

覚えよう

□おべんとう：便当

□泳《およ》ぎます：游泳

□誕生日《たんじょうび》：生日

□電車《でんしゃ》：电车

□あまり わかりません：不是很懂

□図書館《としょかん》：图书馆

□借《か》ります：借

もんだい6

32 2

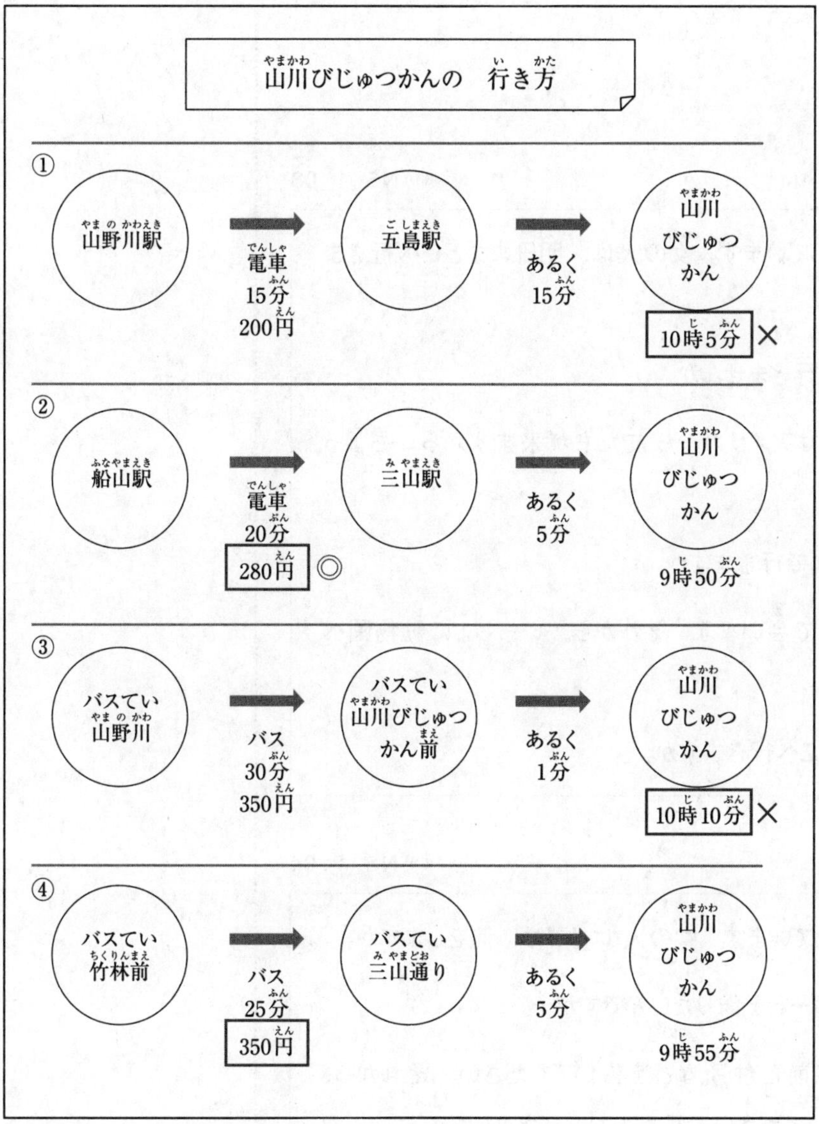

10時《じ》までに 行《い》きたい

→ ①と ③は ×

想 10 点前到达→①和③不可以

安《やす》い ほうが いい

→ ④より ②のほうが 安《やす》い

较便宜为好→和④相比，②更便宜

覚えよう

□美術館《びじゅつかん》：美术馆　　□バスてい：公交车站

□行《い》き方《かた》：怎么去，走法

聴《ちょう》解《かい》

もんだい1

れい　4　N5_1_03

男《おとこ》の人《ひと》と女《おんな》の人《ひと》が話《はな》しています。女《おんな》の人《ひと》は、明日《あした》まずどこへ行《い》きますか。

M：明日《あした》、映画《えいが》を見《み》に行《い》きませんか。

F：すみません。明日《あした》はアメリカから友《とも》だちが来《き》ますから、ちょっと…。

M：そうですか。空港《くうこう》まで行《い》きますか。

F：いいえ、電車《でんしゃ》の駅《えき》で会《あ》います。それから、いっしょに動物園《どうぶつえん》へ行《い》きます。

女《おんな》の人《ひと》は、明日《あした》まずどこへ行《い》きますか。

1ばん　4　N5_1_04

女《おんな》の人《ひと》と男《おとこ》の人《ひと》が話《はな》しています。女《おんな》の人《ひと》ははじめに何《なに》をしますか。

F：すみません。パスポートを作《つく》りたいんですが…。

M：では、この紙《かみ》に名前《なまえ》と住所《じゅうしょ》などを書《か》いてください。それから、3階《がい》の受付《うけつけ》に行《い》ってください。写真《しゃしん》を持《も》ってきましたか。

F：あ、家《いえ》にわすれました。

M：では、書《か》く前《まえ》に、2階《かい》で写真《しゃしん》をとってください。

F：はい、わかりました。

女《おんな》の人《ひと》ははじめに何《なに》をしますか。

まず、写真《しゃしん》を とる。その あとで、紙《かみ》に 書《か》く。

首先拍照，然后在纸上写下姓名和住址。

覚えよう

□パスポート：护照
□受付《うけつけ》：接待处
□紙《かみ》：纸，纸张
□写真《しゃしん》を とります：拍照
□住所《じゅうしょ》：住址

2ばん　3

🔊N5_1_05

会社《かいしゃ》で、女《おんな》の人《ひと》と男《おとこ》の人《ひと》が話《はな》しています。女《おんな》の人《ひと》は何《なに》を買《か》ってきますか。

F：おなかがすきましたね。みんなの昼《ひる》ごはんを買《か》ってきましょうか。

M：えっ、いいですか。ありがとうございます。

F：私《わたし》はサンドイッチを食《た》べます。中村《なかむら》さんもサンドイッチですか。

M：私《わたし》はおにぎりがいいです。田中《たなか》さんと山下《やました》さんは、おべんとうがいいと思《おも》います。

F：わかりました。じゃ、行《い》ってきます。

女《おんな》の人《ひと》は何《なに》を買《か》ってきますか。

女《おんな》の人《ひと》：サンドイッチ
女士：三明治
男《おとこ》の人《ひと》（中村《なかむら》さん）：おにぎり
男士（中村）：饭团
田中《たなか》さんと山下《やました》さん：おべんとう×2
田中、山下：盒饭×2

覚えよう

□おなかが すきます：肚子饿
□おにぎり：饭团
□サンドイッチ：三明治
□おべんとう：盒饭

3ばん　3

🔊N5_1_06

学校《がっこう》で、男《おとこ》の学生《がくせい》と女《おんな》の先生《せんせい》が話《はな》しています。男《おとこ》の学生《がくせい》は本《ほん》をどこに置《お》きますか。

M：先生《せんせい》、日本語《にほんご》の本《ほん》を返《かえ》します。どうもありがとうございました。

F：いいえ。じゃあ、たなの中《なか》にもどしてください。

M：はい。時計《とけい》の下《した》のたなでいいですか。

F：あ、すみません。次《つぎ》の授業《じゅぎょう》でリーさんに貸《か》しますから、私《わたし》のつくえの上《うえ》に置《お》いてください。

M：わかりました。

男《おとこ》の学生《がくせい》は本《ほん》をどこに置《お》きますか。

男《おとこ》の 学生《がくせい》は、先生《せんせい》の つくえの 上《うえ》に 本《ほん》を 置《お》く。

男学生把书放在了老师的桌子上。

覚えよう

□置《お》きます：放，搁
　※辞書形《じしょけい》は「置《お》く」
□返《かえ》します：返还，归还
□たな：架子
□もどします：放回
□貸《か》します：借出
□つくえ：桌子

4ばん　2

N5_1_07

教室《きょうしつ》で、先生《せんせい》が学生《がくせい》に話《はな》しています。学生《がくせい》は、明日《あした》何時《なんじ》に教室《きょうしつ》へ行《い》きますか。

F：明日《あした》のテストは、1ばんの教室《きょうしつ》でします。10時半《じはん》まではほかのクラスが使《つか》います。このクラスは11時《じ》からです。テストの説明《せつめい》をしますから、テストが始《はじ》まる10分前《ぷんまえ》に教室《きょうしつ》へ来《き》てください。

学生《がくせい》は、明日《あした》何時《なんじ》に教室《きょうしつ》へ行《い》きますか。

11時《じ》から テストが 始《はじ》まる。

11点开始考试

テストが 始《はじ》まる 10分《ぷん》前《まえ》＝10時《じ》50分《ぷん》

考试开始前10分钟=10点50分

覚えよう

□教室《きょうしつ》：教室
□使《つか》います：使用
□説明《せつめい》を します：说明

5ばん　2

N5_1_08

男《おとこ》の人《ひと》と女《おんな》の人《ひと》が話《はな》しています。男《おとこ》の人《ひと》はどこへ行《い》きますか。

M：すみません。銀行《ぎんこう》に行《い》きたいんですが…。

F：銀行《ぎんこう》ですか。まず、この道《みち》をまっすぐ行《い》ってください。あそこにデパートがありますね。あの道《みち》を右《みぎ》にまがってください。花屋《はなや》のとなりにありますよ。

M：わかりました。ありがとうございます。

男《おとこ》の人《ひと》はどこへ行《い》きますか。

デパートが ある 交差点《こうさてん》を 右《みぎ》に まがる。花屋《はなや》の となりに ある。

在有百货商店的十字路口右转，银行就在花店的旁边。

覚えよう

□銀行《ぎんこう》：银行

□花屋《はなや》：花店

□デパート：商场，百货商店

□～の となり：……的旁边

□右《みぎ》に まがります：向右转

6ばん　2

🔊N5_1_09

電話《でんわ》で、レストランの人《ひと》と男《おとこ》の人《ひと》が話《はな》しています。男《おとこ》の人《ひと》はいつレストランへ行《い》きますか。

F：お電話《でんわ》ありがとうございます。さくらレストランです。

M：あのう、明日《あした》の7時《じ》に3人《にん》で予約《よやく》をしたいんですが…。

F：申《もう》し訳《わけ》ありません。毎週月曜日《まいしゅうげつようび》はお休《やす》みです。火曜日《かようび》か水曜日《すいようび》はどうですか。

M：うーん、水曜日《すいようび》はちょっと…。あさっての7時《じ》はどうですか。

F：はい、だいじょうぶです。あさっての7時《じ》ですね。

M：はい。よろしくおねがいします。

男《おとこ》の人《ひと》はいつレストランへ行《い》きますか。

明日《あした》＝月曜日《げつよう》

明天＝星期一

あさって＝火曜日《かようび》

后天＝星期二

覚えよう

□予約《よやく》：预约

□だいじょうぶ：(「問題《もんだい》ない」という意味《いみ》) 表示“没问题”

7ばん　1

N5_1_10

花屋《はなや》で、お店《みせ》の人《ひと》と男《おとこ》の人《ひと》が話《はな》しています。男《おとこ》の人《ひと》はどれを買《か》いますか。

F：いらっしゃいませ。

M：あのう、花《はな》を買《か》いたいんですが。

F：お誕生日《たんじょうび》のプレゼントですか。

M：はい。友《とも》だちの誕生日《たんじょうび》です。

F：では、この大《おお》きい花《はな》はどうですか。とてもきれいですよ。

M：そうですね。じゃあ、それを2本《ほん》ください。

F：あ、こちらの小《ちい》さい花《はな》もいっしょにどうですか。もっときれいですよ。

M：そうですね。じゃあ、小《ちい》さい花《はな》も3本《ぼん》ください。

F：わかりました。ありがとうございます。

男《おとこ》の人《ひと》はどれを買《か》いますか。

大《おお》きい花《はな》を2本《ほん》、小《ちい》さい花《はな》を3本《ぼん》買《か》う。

男士买了两朵大花、三朵小花。

覚えよう

□花屋《はなや》：花店

□もっと：更

□誕生日《たんじょうび》：生日

もんだい2

れい　3

N5_1_12

学校《がっこう》で、男《おとこ》の学生《がくせい》と女《おんな》の先生《せんせい》が話《はな》しています。男《おとこ》の学生《がくせい》はいつ先生《せんせい》と話《はな》しますか。

M：先生《せんせい》、レポートのことを話《はな》したいです。

F：そうですか。これから会議《かいぎ》ですから、3時《じ》からはどうですか。

M：すみません、3時半《じはん》からアルバイトがあります。

F：じゃあ、明日《あした》の9時《じ》からはどうですか。

M：ありがとうございます。おねがいします。

F：10時《じ》からクラスがありますから、それまで話《はな》しましょう。

男《おとこ》の学生《がくせい》はいつ先生《せんせい》と話《はな》しますか。

1ばん　2

🔊N5_1_13

デパートで、男《おとこ》の人《ひと》とお店《みせ》の人《ひと》が話《はな》しています。男《おとこ》の人《ひと》のかばんはどれですか。

M：すみません。このお店《みせ》にかばんをわすれましたが、知《し》りませんか。

F：どんなかばんですか。

M：黒《くろ》くて大《おお》きいかばんです。

F：かばんの中《なか》に何《なに》が入《はい》っていますか。

M：カギと手紙《てがみ》とペンが入《はい》っています。あ、ペンはポケットに入《はい》っていますから、カギと手紙《てがみ》だけです。

F：こちらのかばんですか。

M：あ、はい。ありがとうございます。

男《おとこ》の人《ひと》のかばんはどれですか。

かばんには カギと 手《て》紙《がみ》が 入《はい》っている。
包里面放了钥匙和信。

覚えよう

□かばん：皮包，公事包　　□ポケット：口袋
□カギ：钥匙
□手紙《てがみ》：信，信件

第1回

文字・語彙　文法　読解　聴解

2ばん　4

🔊N5_1_14

女《おんな》の人《ひと》と男《おとこ》の人《ひと》が話《はな》しています。二人《ふたり》は明日《あした》何《なに》をしますか。

F：ミンクさん、明日《あした》の午後《ごご》、一緒《いっしょ》にプールへ泳《およ》ぎに行《い》きませんか。

M：すみません、明日《あした》は朝《あさ》、田中《たなか》さんとテニスをしてから、レストランへ行《い》きます。ちょっとつかれますから、プールじゃなくて、公園《こうえん》をさんぽしませんか。

F：いいですね。じゃ、明日《あした》の午後《ごご》、会《あ》いましょう。

二人《ふたり》は明日《あした》何《なに》をしますか。

つかれるから、泳《およ》ぎたくない。さんぽが いい。

因为男士很累，不想游泳，可以散步。

覚えよう

□プール：游泳池　　□さんぽします：散步

3ばん　4

🔊N5_1_15

学校《がっこう》で、先生《せんせい》が学生《がくせい》に話《はな》しています。学生《がくせい》は、明日《あした》何《なに》を持《も》って行《い》きますか。

F：明日《あした》はみんなで美術館《びじゅつかん》に行《い》きます。学校《がっこう》からバスで行《い》きますから、チケットを買《か》うお金《かね》を持《も》ってきてください。それから、美術《びじゅつ》館《かん》の人《ひと》のお話《はなし》を聞《き》きますから、ペンとノートもいります。写真《しゃしん》をとってはいけませんから、カメラは持《も》ってこないでくださいね。食《た》べものや飲《の》みものもだめです。

学生《がくせい》は、明日《あした》何《なに》を持《も》って行《い》きますか。

持《も》って 行《い》くもの：お金《かね》、ペン、ノート

要带的东西：钱、笔、笔记本

持《も》って 行《い》かないもの：カメラ、食《た》べもの、飲《の》みもの

不要带的东西：相机、吃的东西、喝的东西

覚えよう

□美術館《びじゅつかん》：美术馆

□チケット：票

□いります：需要

4ばん　1

N5_1_16

女《おんな》の人《ひと》と男《おとこ》の人《ひと》が話《はな》しています。女《おんな》の人《ひと》は、お父《とう》さんの誕生日《たんじょうび》プレゼントに何《なに》を買《か》いますか。

F：来週《らいしゅう》、父《ちち》の誕生日《たんじょうび》です。誕生日《たんじょうび》プレゼントは、何《なに》がいいと思《おも》いますか。

M：時計《とけい》はどうですか。いいお店《みせ》を知《し》っていますよ。

F：時計《とけい》ですか…。ちょっと高《たか》いですね。

M：じゃあ、お酒《さけ》はどうですか。お父《とう》さん、好《す》きなワインはありますか。

F：父《ちち》はお酒《さけ》があまり好《す》きじゃないから…。

M：うーん…、おさいふやネクタイとかは？

F：そうですね。この前《まえ》、新《あたら》しいネクタイがほしいと言《い》っていましたから、それにします。

女《おんな》の人《ひと》は、お父《とう》さんの誕生日《たんじょうび》プレゼントに何《なに》を買《か》いますか。

時計《とけい》：高《たか》い
钟表：太贵

お酒《さけ》：あまり好《す》きじゃない
酒：父亲不太喜欢

ネクタイを買《か》う。
买领带

覚えよう

□時計《とけい》：钟表
□お酒《さけ》：酒
□ワイン：葡萄酒
□さいふ：钱包，钱夹
□ネクタイ：领带

5ばん　1

N5_1_17

男《おとこ》の人《ひと》と女《おんな》の人《ひと》が話《はな》しています。男《おとこ》の人《ひと》の妹《いもうと》は、どんな仕事《しごと》をしていますか。

M：木村《きむら》さんは何人家族《なんにんかぞく》ですか。

F：私《わたし》は父《ちち》と母《はは》と姉《あね》の４人家族《にんかぞく》です。田中《たなか》さんは？

M：私《わたし》は6人家族《にんかぞく》で、兄《あに》と弟《おとうと》と妹《いもうと》がいます。兄《あに》は病院《びょういん》で働《はたら》いています。弟《おとうと》は電気《でんき》の会社《かいしゃ》で働《はたら》いていて、妹《いもうと》は外国人《がいこくじん》に日本語《にほんご》を教《おし》えています。

F：そうですか。私《わたし》の姉《あね》は、銀行《ぎんこう》で働《はたら》いていますよ。

男《おとこ》の人《ひと》の妹《いもうと》は、何《なに》を買《か》いますをしていますか。

男《おとこ》の人《ひと》の 妹《いもうと》は 日本《にほん》語《ご》の 先生《せんせい》。

男士的妹妹是日语老师。

覚えよう

□病院《びょういん》：医院　　□外国人《がいこくじん》：外国人

□働《はたら》きます：工作　　□銀行《ぎんこう》：银行

□電気《でんき》の会社《かいしゃ》：电力公司

6ばん　1

N5_1_18

学校《がっこう》で、女《おんな》の先生《せんせい》と男《おとこ》の学生《がくせい》が話《はな》しています。学生《がくせい》はどうして授業《じゅぎょう》におくれましたか。

F：リンさん、どうして授業《じゅぎょう》におくれましたか。

M：先生《せんせい》、すみません。

F：おなかがいたいですか。

M：いいえ、元気《げんき》です。

F：では、どうしてですか。

M：今日《きょう》は雨《あめ》ですから、自転車《じてんしゃ》に乗《の》りませんでした。電車《でんしゃ》に乗《の》りましたが、はじめてでしたから、駅《えき》から学校《がっこう》までの道《みち》がわかりませんでした。

学生《がくせい》はどうして授業《じゅぎょう》におくれましたか。

学校《がっこう》までの 道《みち》が わからなかったから おくれた。

因为不知道到学校的路，所以迟到了。

覚えよう

□～に おくれます：迟，迟到　　□自転車《じてんしゃ》：自行车

□おなかが 痛《いた》いです：肚子疼　　□道《みち》：道路

もんだい3

れい　1　N5_1_20

朝《あさ》、学校《がっこう》で先生《せんせい》に会《あ》いました。何《なん》と言《い》いますか。

F：1　おはようございます。

2　おやすみなさい。

3　おつかれさまでした。

1ばん　1　N5_1_21

友《とも》だちが家《いえ》に遊《あそ》びに来《き》ました。何《なん》と言《い》いますか。

M：1　どうぞ入《はい》ってください。

2　どうぞ来《き》てください。

3　どうぞ行《い》ってください。

2ばん　2　N5_1_22

朝《あさ》、学校《がっこう》に行《い》きます。家《いえ》の人《ひと》に何《なん》と言《い》いますか。

F：1　さようなら。

2　いってきます。

3　おつかれさまです。

3ばん　2　N5_1_23

友《とも》だちが元気《げんき》がないです。何《なん》と言《い》いますか。

F：1　どうしましょうか。

2　どうしましたか。

3　どうしますか。

元気《げんき》が ない：没精神，无精打采

4ばん　3　N5_1_24

友《とも》だちに旅行《りょこう》の写真《しゃしん》を見《み》せたいです。何《なん》と言《い》いますか。

M：1　これ、見《み》ないでください。

2　これ、見《み》せてください。

3　これ、見《み》てください。

見《み》ます：看（“て形”为“見《み》て”、“ない形”为“見《み》ない”）

見《み》せます：给别人看（“て形”为“見《み》せて”、“ない形”为“見《み》せない”）

5ばん　1　N5_1_25

学校《がっこう》から家《いえ》に帰《かえ》りました。家《いえ》の人《ひと》に何《なん》と言《い》いますか。

M：1　ただいま。

2　いらっしゃい。

3　おかえりなさい。

もんだい4

れい　2　N5_1_27

F：お名前《なまえ》は。

M：1　18さいです。

2　田中《たなか》ともうします。

3　イタリア人《じん》です。

1ばん　2　N5_1_28

F：もう晩《ばん》ごはんを食《た》べましたか。
M：1　いいえ、もう食《た》べません。
　　2　いいえ、まだです。
　　3　はい、食《た》べます。

もう：已经；再

まだ：还（未），仍旧

2ばん　1　N5_1_29

M：手《て》つだいましょうか。
F：1　いいえ、けっこうです。
　　2　はい、手《て》つだっています。
　　3　どういたしまして。

けっこうです＝手《て》つだわなくて いいです／一人《ひとり》で だいじょうぶです：不用了，我一个人没问题。

3ばん　1　N5_1_30

F：今《いま》、いそがしいですか。
M：1　そうですね。少《すこ》しいそがしいです。
　　2　そうですね。いそがしかったです。
　　3　そうですね。いそがしくなかったです。

因为问的是“今《いま》(现在)”，而2和3为过去时，所以2和3不正确。

4ばん　2　N5_1_31

M：いつアメリカへ行《い》きましたか。
F：1　友《とも》だちと行《い》きました。
　　2　去年《きょねん》行《い》きました。
　　3　飛行機《ひこうき》で行《い》きました。

いつ：什么时候

飛行機《ひこうき》：飞机

5ばん　3　N5_1_32

F：何《なに》を買《か》いたいですか。
M：1　10万円《まんえん》です。
　　2　デパートで買《か》います。
　　3　カメラがほしいです。

～を買《か》いたいです＝～がほしいです：想要……

6ばん　3　N5_1_33

M：それ、借《か》りてもいいですか。
F：1　いいえ、借《か》りません。
　　2　はい、借《か》りますよ。
　　3　はい、どうぞ。

借《か》ります：借，借用

～ても いいですか：可以……吗?

第《だい》2回《かい》　解答《かいとう》・解説《かいせつ》

第2套模拟试题答案及解析

ごうかくもし　かいとうようし

N5 げんごちしき（もじ・ごい）

正答《せいとう》　答案

じゅけんばんごう Examinee Registration Number		なまえ Name	

〈ちゅうい　Notes〉

1. くろいえんぴつ（HB、No.2）でかいてください。
   Use a black medium soft (HB or No.2) pencil.
   （ペンやボールペンではかかないでください。）
   (Do not use any kind of pen.)
2. かきなおすときは、けしゴムできれいにけしてください。
   Erase any unintended marks completely.
3. きたなくしたり、おったりしないでください。
   Do not soil or bend this sheet.
4. マークれい Marking Examples

よいれい Correct Example	わるいれい Incorrect Examples
●	

もんだい1				
1	①	●	③	④
2	①	●	③	④
3	①	●	③	④
4	①	②	③	●
5	①	②	●	④
6	①	●	③	④
7	●	②	③	④
8	①	②	●	④
9	①	②	●	④
10	①	②	●	④
11	●	②	③	④
12	①	②	③	●

もんだい2				
13	●	②	③	④
14	①	②	③	●
15	①	②	●	④
16	●	②	③	④
17	①	②	③	●
18	①	②	③	●
19	①	②	③	●
20	●	②	③	④

もんだい3				
21	①	②	③	●
22	①	②	③	●
23	●	②	③	④
24	①	②	③	●
25	①	②	●	④
26	①	②	③	●
27	①	②	●	④
28	①	●	③	④
29	①	●	③	④
30	①	②	③	●

もんだい4				
31	①	●	③	④
32	●	②	③	④
33	①	②	●	④
34	①	②	●	④
35	①	●	③	④

ごうかくもし　かいとうようし

N5 げんごちしき（ぶんぽう）・どっかい

正答《せいとう》　答案

じゅけんばんごう Examinee Registration Number		なまえ Name	

〈ちゅうい　Notes〉

1. くろいえんぴつ（HB、No.2）でかいてください。
   Use a black medium soft (HB or No.2) pencil.
   （ペンやボールペンではかかないでください。）
   (Do not use any kind of pen.)
2. かきなおすときは、けしゴムできれいにけしてください。
   Erase any unintended marks completely.
3. きたなくしたり、おったりしないでください。
   Do not soil or bend this sheet.
4. マークれい Marking Examples

よいれい Correct Example	わるいれい Incorrect Examples
●	⊗ ✓ ◯ ◎ ⊜ ◐ ●

もんだい1

1	①	●	③	④
2	●	②	③	④
3	①	②	③	●
4	①	②	●	④
5	①	●	③	④
6	①	②	●	④
7	①	②	③	●
8	①	②	●	④
9	①	②	●	④
10	●	②	③	④
11	①	●	③	④
12	①	●	③	④
13	●	②	③	④
14	①	②	●	④
15	●	②	③	④
16	①	②	③	●

もんだい2

17	①	②	●	④
18	①	②	③	●
19	①	②	●	④
20	①	②	●	④
21	①	②	③	●

もんだい3

22	①	②	●	④
23	●	②	③	④
24	①	●	③	④
25	●	②	③	④
26	●	②	③	④

もんだい4

27	①	②	③	●
28	●	②	③	④
29	●	②	③	④

もんだい5

30	①	②	③	●
31	①	●	③	④

もんだい6

32	①	②	●	④

ごうかくもし　かいとうようし

N5 ちょうかい

正答《せいとう》　答案

じゅけんばんごう Examinee Registration Number		なまえ Name	

〈ちゅうい　Notes〉

1. くろいえんぴつ（HB、No.2）でかいてください。
   Use a black medium soft (HB or No.2) pencil.
   （ペンやボールペンではかかないでください。）
   (Do not use any kind of pen.)
2. かきなおすときは、けしゴムできれいにけしてください。
   Erase any unintended marks completely.
3. きたなくしたり、おったりしないでください。
   Do not soil or bend this sheet.
4. マークれい Marking Examples

よいれい Correct Example	わるいれい Incorrect Examples
●	

もんだい1				
れい	①	②	③	●
1	①	●	③	④
2	①	②	③	●
3	●	②	③	④
4	①	②	③	●
5	●	②	③	④
6	①	②	③	●
7	①	●	③	④

もんだい2				
れい	①	②	●	④
1	①	●	③	④
2	①	②	●	④
3	●	②	③	④
4	●	②	③	④
5	①	●	③	④
6	①	②	●	④

もんだい3			
れい	●	②	③
1	●	②	③
2	●	②	③
3	①	②	●
4	①	●	③
5	①	●	③

もんだい4			
れい	①	●	③
1	●	②	③
2	①	②	●
3	①	●	③
4	①	●	③
5	●	②	③
6	●	②	③

採《さい》点《てん》表《ひょう》 评分表

		配点《はいてん》 分数分配	正答数《せいとうすう》 正答数	点数《てんすう》 得分
もじ・ごい	もんだい1	1点×12問	／12	／12
	もんだい2	1点×8問	／ 8	／ 8
	もんだい3	1点×10問	／10	／10
	もんだい4	2点×5問	／ 5	／10
ぶんぽう	もんだい1	2点×16問	／16	／32
	もんだい2	2点×5問	／ 5	／10
	もんだい3	3点×5問	／ 5	／15
どっかい	もんだい4	4点×3問	／ 3	／12
	もんだい5	4点×2問	／ 2	／ 8
	もんだい6	3点×1問	／ 1	／ 3
	ごうけい	120点		／120

		配点《はいてん》	正答数《せいとうすう》	点数《てんすう》
ちょうかい	もんだい1	3点×7問	／ 7	／21
	もんだい2	3点×6問	／ 6	／18
	もんだい3	3点×5問	／ 5	／15
	もんだい4	1点×6問	／ 6	／ 6
	ごうけい	60点		／60

※本评分表是由本书作者根据试题难易程度而制作的。

解説《かいせつ》 解析

言語《げんご》知識《ちしき》（文字《もじ》・語彙《ごい》）

もんだい1

1 2 がいこく

外国《がいこく》：外国

2 2 くがつ

九月《くがつ》：九月

3 2 はな

花《はな》：花

1 顔《かお》：脸

3 木《き》：树

4 空《そら》：天空

4 4 こないで

来《き》ます：来

※辞書形《じしょけい》は「来《く》る」、ない形《けい》は「来《こ》ない」

5 3 あし

足《あし》：脚

1 うで：手臂

2 頭《あたま》：头

4 首《くび》：脖子

6 2 かわ

川《かわ》：河川

1 いけ：池子，池塘

3 家《いえ》：家

4 道《みち》：道路

7 1 たかい

高《たか》い：昂贵的；高的

山《やま》：山

2 広《ひろ》い：宽敞的

3 きれいな：干净的；漂亮的

4 遠《とお》い：远的

8 3 なんぼん

何本《なんぼん》：多少瓶，多少根

9 3 きた

北《きた》：北

1 東《ひがし》：东

2 西《にし》：西

4 南《みなみ》：南

10 3 うえ

～の 上《うえ》：……的上面

1 ～の 前《まえ》：……的前面

2 ～の 横《よこ》：……的旁边

4 ～の 下《した》：……的下面

11 1 せんげつ

先月《せんげつ》：上个月

12 4 でます

出《で》ます：出，出去

1 います：(人或动物)在

2 します：做

3 寝《ね》ます：睡觉

もんだい2

13 1 アイスクリーム

アイスクリーム：冰激凌

14　4 夜

夜《よる》：夜晚

1 朝《あさ》：早上

2 昼《ひる》：白天

3 夕方《ゆうがた》：傍晚

15　3 話します

話《はな》します：说话，讲

1 読《よ》みます：读，看，阅读

16　1 見て

見《み》ます：看

17　4 中

～の中《なか》：……的里面

18　4 同じ

同《おな》じ：相同

19　4 書きます

書《か》きます：写

20　1 来週

来週《らいしゅう》：下个星期

3 今週《こんしゅう》：这个星期

4 先週《せんしゅう》：上个星期

もんだい3

21　4 まい

～まい：用于计数片状物的量词

1 ～はい：……杯（量词）

2 ～さつ：……本，……册，用于计数书本的量词

3 ～だい：用于计数车辆或机器的量词

22　4 おります

（電車《でんしゃ》を）おります：（从电车上）下来

1 とおります：通过，经过

2（写真《しゃしん》を）とります：拍（照片）

3（電車《でんしゃ》に）のります：搭乘（电车）

23　1 しめて

（まどを）閉《し》めます：关（窗）

2 入《い》れます：放入

3（電気《でんき》を）つけます：开（灯）

4（電気《でんき》を）けします：关（灯）

24　4 げんきな

元気《げんき》な：精神的；身体硬朗的

1 かんたんな：简单的

2 むりな：难以办成的，办不到的

3 べんりな：便利的，方便的

25　3 エアコン

エアコン：空调

1 スプーン：勺子

2 コンビニ：便利店

4 デザイン：设计

26　4 わすれました

わすれます：忘记

しゅくだい：作业

1 はらいます：支付

2 ひきます：拉扯；弹奏（乐器）

3 まけます：输

27　3 からい

からい：辣的

1 まるい：圆的

2 強《つよ》い：强的

4 弱《よわ》い：弱的

28　2 べんきょう

勉強《べんきょう》：学习

1 そうじ：打扫

3 食事《しょくじ》：吃饭，用餐

4 せんたく：洗衣服

29 **2 かさ**

かさ：伞

こまります：为难，困扰

1 めいし：名词，名片

3 写真《しゃしん》：照片

4 時計《とけい》：钟表

30 **4 わたって**

わたります：渡，穿过

道《みち》：道路

1 切《き》ります：切，割

2 持《も》ちます：持，拿

3 作《つく》ります：制作

もんだい4

31 **2 きのうの　よるから　あめが　ふっています。**

夕《ゆう》べ＝きのうの 夜《よる》：昨晚

32 **1 きょうしつは　せまいです。**

せまい＝広《ひろ》くない：狭窄的

2 大《おお》きい：大的

3 近《ちか》い：近的

4 明《あか》るい：明亮的

33 **3 あした　しごとに　いきます。**

仕事《しごと》：工作

仕事《しごと》は 休《やす》みでは ありません＝仕事《しごと》に 行《い》きます

34 **3 このまちは　にぎやかじゃ　ありません。**

しずかな＝にぎやかじゃない：安静的

1 きれいな：漂亮的；干净的

2 つまらない：无聊的

4 じょうぶな：坚固的，结实的

35 **2 ともだちを　くうこうへ　つれていきました。**

（～を）送《おく》ります＝（～を）つれていきます：送(……)

空港《くうこう》：机场

1 一人《ひとり》で：一个人，独自

4 ～に 会《あ》います：和……见面

言《げん》語《ご》知《ち》識《しき》（文《ぶん》法《ぽう》）

もんだい1

1 2に

[場所《ばしょ》] ＋に：在某处

れい　トイレは 2階《かい》に あります。／厕所在2层。

～の そば：……的旁边

2 1の

Aの B：表示B的所属或者性质（A）

れい　これは 会社《かいしゃ》の パソコンです。／这是公司的电脑。

3 4から

～て から：……之后

れい　おふろに 入《はい》ってから 寝《ね》ます。／洗完澡后睡觉。

4 3まで

[時間《じかん》] ＋まで：表示时间的终点

れい　6時《じ》まで 仕事《しごと》を します。／工作到6点。

5 2に

[名詞《めいし》] ＋に 行《い》きます：去……

れい　友《とも》だちと スキーに 行《い》きます。／和朋友去滑雪。

6 3か

Aか B：A或者B

れい　1月《がつ》か 2月《がつ》に 国《くに》へ 帰《かえ》ります。／1月或2月回国。

7 4ひまな

因为“とき”是名词，所以要用“ひまな”的形式。

れい　有名《ゆうめい》な レストランへ 行《い》きました。／去了有名的西餐厅。

8 3だけ

～だけ：只，仅

れい　りんごを 1つだけ 買《か》いました。／只买了1个苹果。

～回《かい》：……次

9 3だれの

だれの：谁的

[人《ひと》] ＋の＋ [名詞《めいし》]：……的……

れい　A「これは だれの くつですか。」／A：“这是谁的鞋子？”

B「それは まいさんの （くつ） です。」／B：“那是小梅的。”

※“の”后面的名词可以省略。

10 1かいて　います

まだ ～て います：还在……

れい　昼《ひる》の12時《じ》ですが、まだ 寝《ね》て います。／虽然是中午12点，但还在睡觉。

11 2どんな

どんな＋ [名詞《めいし》]：什么样的……

れい　東京《とうきょう》は どんな まちですか。／东京是个什么样的城市？

12　2 まえに

[動詞辞書形《どうしじしょけい》] ＋まえに：……之前（前接动词辞书形）

れい　友《とも》だちが 家《いえ》に 来《く》る まえに、料理《りょうり》を 作《つく》ります。／朋友来家里之前做好饭菜。

13　1 ぜんぜん

ぜんぜん ～ません：完全没……

れい　きのうの テストは ぜんぜん わかりませんでした。／昨天的考试完全不懂。

2 ちょうど：正好，恰好

3 もういちど：再一次

4 とても：非常

14　3 いません

因为是在描述人，所以动词要用“います”而不是“あります”。

れい　教室《きょうしつ》には だれも いません。／教室里没人。（人）

はこの 中《なか》には 何《なに》も ありません。／箱子里什么也没有。（物）

15　1 食《た》べませんか

～ませんか：要不要……？

れい　日曜日《にちようび》、いっしょに 買《か》いものに 行《い》きませんか。／周日要不要一起去购物？

16　4 いくらですか

因为店员重复说了一次“450円《えん》です”，由此可以推断出中田不知道价钱。

いくらですか：多少钱？

1 どちらですか：在哪里？

2 なんじですか：几点？

3 どなたですか：哪位？

もんだい2

17　3

わたしのへや　2は　4ふるい　3です　1が　ひろいです。

～が、～：虽然……，但是……（表示前后内容相互对立）

れい　この レストランは 有名《ゆうめい》じゃないですが、とても おいしいです。／这个西餐馆虽然没有名但是很好吃。

18　4

これは　2ことし　1の　4カレンダー　3じゃ　ありません。

今年《ことし》：今年

カレンダー：日历

19　3

キムさんの　4いちばん　1たいせつな　3もの　2は　何《なん》ですか。

いちばん～：最……

20　3

わたしのいもうと　4は　2かみ　3が　1ながい　です。

Aは Bが ～：A的B……

れい　今日《きょう》は 天気《てんき》が いいです。／今天的天气很好。

21　4

この　しゅくだいは　2火曜日《かようび》　1まで　4に　3出《だ》して　ください。

宿題《しゅくだい》：作业

～までに：在……之前

れい　4時《じ》までに 電話《でんわ》を してください。／请在4点前打电话。

もんだい3

22　3 たくさん

たくさん：很多，大量

1 よく：经常

2 これから：从现在开始

4 もうすぐ：马上，快要

23　1 行《い》きたいです

～たいです：想要……

れい　新《あたら》しい パソコンを 買《か》いたいです。／想买新电脑。

24　2 あまり

あまり ～ません：不怎么……

れい　日本《にほん》の うたは あまり うたいません。／不怎么唱日本的歌。

25　1 でも

学校《がっこう》が ある 日《ひ》は 勉強《べんきょう》が いそがしいです

⇔夏休《なつやす》みは アニメを 見《み》ました

でも：但是

2 だから：所以

3 それから：接着，然后

4 それに：而且，再加上

26　1 見《み》ましょう

～ましょう：让我们……吧

れい　いっしょに 昼《ひる》ごはんを 食《た》べましょう。／我们一起吃午饭吧。

読《どっ》解《かい》

もんだい４

(1) 27 4

今日《きょう》　学校《がっこう》の　前《まえ》に　本《ほん》やへ　行《い》きました。でも、わたしが　読《よ》みたい　本《ほん》は　ありませんでした。それから、図書館《としょかん》へ　行《い》って、本《ほん》を　かりました。かりた本《ほん》を　きょうしつで　少《すこ》し　読《よ》みました。この　本《ほん》は　来月《らいげつ》　図書館《としょかん》に　かえします。

本《ほん》やでは 本《ほん》を 買《か》わなかった。

（我）没有在书店买书。

学校《がっこう》の きょうしつで 本《ほん》を 読《よ》んだ。

（我）在学校的教室里读书。

覚えよう

- □本屋《ほんや》：书店
- □教室《きょうしつ》：教室
- □図書館《としょかん》：图书馆
- □来月《らいげつ》：下个月
- □借《か》ります：借
- □返《かえ》します：返还，归还

(2) 28 1

学生《がくせい》の　みなさんへ

来週《らいしゅう》の　月曜日《げつようび》は　かんじの　テストです。テストは　10時《じ》40分《ぷん》から、142きょうしつで　します。

9時《じ》から　10時《じ》35分《ふん》までは　141きょうしつで　ぶんぽうの　じゅぎょうを　します。

じゅぎょうの　あと、141きょうしつで　待《ま》っていて　ください。先生《せんせい》が　名前《なまえ》を　よびに　行《い》きます。

じゅぎょうが あるから、9時《じ》に 学校《がっこう》へ 行《い》く。そのあと、きょうしつで 先生《せんせい》を 待《ま》つ。

因为有课，所以9：00去学校。之后在教室等老师。

覚えよう

- □名前《なまえ》を よびます：叫某人的名字

(3) 29 1

ファンさん

きのう　家族《かぞく》から　くだものを　もらいましたから、ファンさんに　あげたいです。ファンさんの　へやに　持《も》って　行《い》っても　いいですか。ファンさんが　へやに　いる　時間《じかん》を　教《おし》えてください。

わたしは　今日《きょう》　夕方《ゆうがた》まで　学校《がっこう》が　ありますが、そのあとはひまです。あしたの　夜《よる》は　アルバイトが　ありますが、昼《ひる》までならいつでも　だいじょうぶです。

吉田《よしだ》

今日《きょう》：学校《がっこう》の　あとはひま

今天：下课后有时间

あした：昼《ひる》まで　だいじょうぶ

明天：白天都可以

覚えよう

- □くだもの：水果
- □もらいます：得到
- □あげます：给
- □ひまな：闲的，空闲的
- □だいじょうぶな：没关系，不要紧

もんだい5

30 4　　31 2

日本《にほん》の　テレビ

ワン・チェン

わたしは　先月《せんげつ》、友《とも》だちに　テレビを　もらいました。大《おお》きいテレビです。日本《にほん》に　来《き》て　はじめて　テレビを　見《み》ました。ニュースを　見《み》ましたが、日本語《にほんご》が　むずかしくて　ぜんぜん　わかりませんでした。

先週《せんしゅう》、テレビで　わたしの　町《まち》の　ニュースを　見《み》ました。わたしの　町《まち》の　おまつりの　ニュースでした。**30** 日本語《にほんご》は　むずかしかったですが、少《すこ》し　わかりました。とても　うれしかったです。

30　日本語《にほんご》の　ニュースが　少《すこ》し　わかったから、うれしかった。

因为稍微能听懂日语新闻，所以很高兴。

わたしは、毎朝《まいあさ》　テレビで　ニュースを　見《み》て、ニュースの　日本《にほん》語《ご》を　おぼえます。学校《がっこう》の　教科書《きょうかしょ》に　ない　ことばも　おぼえます。日本語《にほんご》の　勉強《べんきょう》が　できますから、とても　いいです。学《がっ》校《こう》へ　行《い》くときは、電車《でんしゃ》の　中《なか》で　スマホで　国《くに》の　ニュースを見《み》ます。国《くに》の　ニュースは　よく　わかりますから、たのしいです。

31 あしたは　学校《がっこう》が　休《やす》みですから、友《とも》だちが　わたしの　うちへ　来《き》ます。友《とも》だちと　いっしょに　テレビで　日本《にほん》の　ニュースを　見《み》て　新《あたら》しい　ことばを　勉強《べんきょう》します。

31　あした、友《とも》だちとテレビで 日本《にほん》の ニュースを 見《み》て 日本語《にほんご》の ことばを 勉強《べんきょう》する。

明天，小王和朋友在电视上看日本新闻，学习日语。

覚えよう

□ニュース：新闻

□教科書《きょうかしょ》：教科书

□おまつり：祭典，庙会，节目

□スマホ：智能手机

□おぼえます：学会，掌握

もんだい6

32 3

さくら市《し》　スポーツクラブの　お知《し》らせ

さくら市《し》の　スポーツクラブを　しょうかいします。

みんなで　スポーツを　しませんか。

★さくらFC

金曜日《きんようび》の　夜《よる》×に　サッカーを　します。

子《こ》どもから　おとなまで　いろいろな　人《ひと》が　います！

★SAKURAバスケットチーム

土曜日《どようび》の　10時《じ》から　12時《じ》まで×　バスケットボールを　しています。

月曜日《げつようび》から 金曜日《きんようび》は 学校《がっこう》と アルバイトが ある。→サッカーは ×

田中从星期一到星期五有课且要打工。→足球×

土曜日《どようび》と 日曜日《にちようび》の 午《ご》前中《ぜんちゅう》は べんきょうをする→バスケットボールと テニスは ×

田中星期六和星期日的上午要学习→篮球和网球×

友《とも》だちも　たくさん　できますよ！

★バレーボールクラブ

日曜日《にちようび》の　夕方《ゆうがた》に　たのしく　バレーボールを　しましょう！

バレーボールを　したい人《ひと》は　だれでも　だいじょうぶです！

★サクラテニス

毎週《まいしゅう》、日曜日《にちようび》の　朝《あさ》に × テニスを　します。

はじめての　人《ひと》にも　やさしく　おしえます！

覚えよう

- □紹介《しょうかい》します:介绍
- □サッカー:足球
- □バスケットボール:篮球
- □バレーボール:排球
- □テニス:网球

聴《ちょう》解《かい》

もんだい1

れい 4

N5_2_03

男《おとこ》の人《ひと》と女《おんな》の人《ひと》が話《はな》しています。 女《おんな》の人《ひと》は、明日《あした》まずどこへ行《い》きますか。

M：明日《あした》、映画《えいが》を見《み》に行《い》きませんか。

F：すみません。 明日《あした》はアメリカから友《とも》だちが来《き》ますから、ちょっと…。

M：そうですか。 空港《くうこう》まで行《い》きますか。

F：いいえ、電車《でんしゃ》の駅《えき》で会《あ》います。 それから、いっしょに動物園《どうぶつえん》へ行《い》きます。

女《おんな》の人《ひと》は、明日《あした》まずどこへ行《い》きますか。

1ばん　2

N5_2_04

銀行《ぎんこう》で、銀行《ぎんこう》の人《ひと》と男《おとこ》の人《ひと》が話《はな》しています。 男《おとこ》の人《ひと》は、紙《かみ》にどう書《か》きますか。

F：この紙《かみ》に、名前《なまえ》を書《か》いてください。 名前《なまえ》の下《した》に、住所《じゅうしょ》を書《か》いてください。 住所《じゅうしょ》は漢字《かんじ》で書《か》いて、上《うえ》にひらがなを書《か》いてくださいね。一番下《いちばんした》には、電話番号《でんわばんごう》を書《か》いてください。

M：あのう、名前《なまえ》は英語《えいご》で書《か》きますか。

F：いいえ、カタカナでおねがいします。

M：はい、わかりました。

男《おとこ》の人《ひと》は、紙《かみ》にどう書《か》きますか。

住所《じゅうしょ》は 漢字《かんじ》と ひらがなで 書《か》く。

地址用汉字和平假名书写。

名前《なまえ》は カタカナで 書《か》く。

姓名用片假名书写。

覚えよう

- □銀行《ぎんこう》：银行
- □電話番号《でんわばんごう》：电话号码
- □住所《じゅうしょ》：住址
- □英語《えいご》：英语

2ばん　4

🔊N5_2_05

女《おんな》の人《ひと》と男《おとこ》の人《ひと》が話《はな》しています。男《おとこ》の人《ひと》は何《なに》を持《も》って行《い》きますか。

F：来週《らいしゅう》は、花見《はなみ》ですね。私《わたし》はおかしを持《も》って行《い》きますね。

M：じゃあ、私《わたし》は飲《の》みものを持《も》って行《い》きます。飲《の》みものは何《なに》がいいですか。

F：そうですね。じゃあ、ジュースとお茶《ちゃ》を2本《ほん》ずつおねがいします。

M：わかりました。2本《ほん》ずつですね。

男《おとこ》の人《ひと》は何《なに》を持《も》って行《い》きますか。

おかしは 女《おんな》の人《ひと》が 持《も》って 行《い》く。

女士带点心去。

男《おとこ》の人《ひと》は、ジュースを2本《ほん》と お茶《ちゃ》を 2本《ほん》持《も》って 行《い》く。

男士带两瓶果汁和两瓶茶去。

覚えよう

- □花見《はなみ》：赏花
- □～ずつ：各……

3ばん　1

🔊N5_2_06

男《おとこ》の人《ひと》と女《おんな》の人《ひと》が話《はな》しています。男《おとこ》の人《ひと》はどこへ行《い》きますか。

M：すみません。近《ちか》くに郵便局《ゆうびんきょく》はありますか。

F：あの大《おお》きい銀行《ぎんこう》、見《み》えますか。あそこの交差点《こうさてん》を左《ひだり》にまがって、少《すこ》し歩《ある》きます。郵便局《ゆうびんきょく》は、コンビニのとなりですよ。

M：あ、ありがとうございます。

男《おとこ》の人《ひと》はどこへ行《い》きますか。

銀行《ぎんこう》を 左《ひだり》に まがる。コンビニの となりに ある。

从银行左转，邮局在便利店的旁边。

覚えよう

□郵便局《ゆうびんきょく》：邮局
□銀行《ぎんこう》：银行
□交差点《こうさてん》：十字路口
□まがります：转弯
□コンビニ：便利店
□～の となり：……的旁边

4ばん　4

N5_2_07

病院《びょういん》で、医者《いしゃ》と男《おとこ》の人《ひと》が話《はな》しています。男《おとこ》の人《ひと》は、今晩《こんばん》どのくすりを飲《の》みますか。

F：うーん…、かぜですね。くすりを出《だ》しますから、今晩《こんばん》から飲《の》んでください。ごはんのあとに、この白《しろ》くて小《ちい》さいくすりを2つ、白《しろ》くて大《おお》きいくすりを1つ飲《の》んでください。

M：わかりました。この黒《くろ》いくすりも飲《の》みますか。

F：黒《くろ》いくすりは、明日《あした》の朝《あさ》、飲《の》んでください。

M：わかりました。ありがとうございます。

男《おとこ》の人《ひと》は、今晩《こんばん》どのくすりを飲《の》みますか。

今晩《こんばん》：白《しろ》くて 小《ちい》さい くすり ×2、白《しろ》くて 大《おお》きい くすり ×1
今晚：白色的小药片 ×2，白色的大药片 ×1

明日《あした》の 朝《あさ》：黒《くろ》い くすり
明天早上：黑色的药片

覚えよう

□医者《いしゃ》：医生
□今晩《こんばん》：今晚
□くすりを 飲《の》みます：吃药，喝药
□白《しろ》い：白的，白色的
□黒《くろ》い：黑的，黑色的

5ばん　1

N5_2_08

電話《でんわ》で、お店《みせ》の人《ひと》と女《おんな》の人《ひと》が話《はな》しています。女《おんな》の人《ひと》はいつお店《みせ》に行《い》きますか。

M：お電話《でんわ》ありがとうございます。あおばカフェです。

F：すみません。昨日《きのう》、お店《みせ》でかさをわすれたと思《おも》います。黄色《きいろ》いかさ、ありませんでしたか。

M：えーと、黄色《きいろ》いかさですね…。ああ、ありますよ。

F：よかった。私《わたし》のです。あのう、日曜日《にちようび》の夜《よる》、取《と》りに行《い》ってもいいですか。

M：申《もう》し訳《わけ》ありません、日曜日《にちようび》はお休《やす》みです。土曜日《どようび》はどうですか。

F：土曜日《どようび》ですか。わかりました。お昼《ひる》でもいいですか。

M：はい、だいじょうぶですよ。

女《おんな》の人《ひと》はいつお店《みせ》に行《い》きますか。

日曜日《にちようび》は休《やす》みだから、土曜日《どようび》の昼《ひる》にかさを取《と》りに行《い》く。

因为星期日咖啡店休息，所以女士星期六去店里取伞。

覚えよう

□かさ：伞　　□黄色《きいろ》い：黄色的

6ばん　4

N5_2_09

電話《でんわ》で、男《おとこ》の学生《がくせい》と女《おんな》の先生《せんせい》が話《はな》しています。学生《がくせい》は学校《がっこう》ではじめに何《なに》をしますか。

M：先生《せんせい》、すみません。今《いま》起《お》きました。

F：そうですか。じゃあ、はやく学校《がっこう》に来《き》てください。

M：はい、すみません。

F：私《わたし》はこれから、ほかのクラスで授業《じゅぎょう》がありますから、私《わたし》のつくえの上《うえ》に、宿題《しゅくだい》を出《だ》してください。それから、教室《きょうしつ》に行《い》ってください。

M：はい、わかりました。すみませんでした。

学生《がくせい》は学校《がっこう》ではじめに何《なに》をしますか。

まず、先生《せんせい》つくえの上《うえ》に、宿題《しゅくだい》を出《だ》す。それから、教室《きょうしつ》へ行《い》く。

首先把作业交到老师的桌子上，然后去教室。

覚えよう

□起《お》きます：起床
※辞書形《じしょけい》は「起《お》きる」
□ほかの ～：其他的……，别的……
□つくえ：桌子
□宿題《しゅくだい》：作业

7ばん　2

N5_2_10

学校《がっこう》で、先生《せんせい》が学生《がくせい》に話《はな》しています。学生《がくせい》は、明日《あした》の朝《あさ》どのバスに乗《の》りますか。

M：明日《あした》は、博物館《はくぶつかん》に行《い》きます。博物館《はくぶつかん》には、バスで来《き》てください。博物館《はくぶつかん》へ行《い》くバスは、24番《ばん》と25番《ばん》ですが、朝《あさ》は25番《ばん》の白《しろ》いバスに乗《の》ってください。24番《ばん》のバスは午後《ごご》からで、朝《あさ》はありません。気《き》をつけてください。

学生《がくせい》は、明日《あした》の朝《あさ》どのバスに乗《の》りますか。

25番《ばん》の 白《しろ》い バスに 乗《の》る。24番《ばん》の バスは、朝《あさ》は ない。

学生应乘坐 25 路白色公交车。早上没有 24 路公交车。

覚えよう

□博物館《はくぶつかん》：博物馆　　□午前《ごぜん》：上午

□午後《ごご》：下午

もんだい2

れい　3

N5_2_12

学校《がっこう》で、男《おとこ》の学生《がくせい》と女《おんな》の先生《せんせい》が話《はな》しています。男《おとこ》の学生《がくせい》はいつ先《せん》生《せい》と話《はな》しますか。

M：先生《せんせい》、レポートのことを話《はな》したいです。

F：そうですか。これから会議《かいぎ》ですから、3時《じ》からはどうですか。

M：すみません、3時半《じはん》からアルバイトがあります。

F：じゃあ、明日《あした》の9時《じ》からはどうですか。

M：ありがとうございます。おねがいします。

F：10時《じ》からクラスがありますから、それまで話《はな》しましょう。

男《おとこ》の学生《がくせい》はいつ先生《せんせい》と話《はな》しますか。

1ばん　2

N5_2_13

女《おんな》の人《ひと》と男《おとこ》の人《ひと》が話《はな》しています。男《おとこ》の人《ひと》の弟《おとうと》は何《なに》が好《す》きですか。

F：山田《やまだ》さんは、きょうだいがいますか。

M：弟《おとうと》と妹《いもうと》がいます。私《わたし》はスポーツが好《す》きですが、弟《おとうと》はいつもゲームをしています。妹《いもうと》は、料理《りょうり》を作《つく》ることと、本《ほん》を読《よ》むことが好《す》きです。

F：そうですか。きょうだいみんな、ちがいますね。

男《おとこ》の人《ひと》の弟《おとうと》は何《なに》が好《す》きですか。

いつも ゲームをしている＝ゲームが 好《す》き

弟弟总是打游戏＝弟弟喜欢打游戏

覚えよう

□きょうだい：兄弟姐妹　　□ゲーム：游戏

□スポーツ：体育运动　　□ちがいます：不同，不一样

2ばん　3

N5_2_14

やおやで、男《おとこ》の人《ひと》とお店《みせ》の人《ひと》が話《はな》しています。男《おとこ》の人《ひと》はいくらはらいますか。

M：すみません。この80円《えん》のトマトを3つください。

F：はい、ありがとうございます。このトマト、2つで150円《えん》ですよ。

M：そうですか。じゃあ、もう1つおねがいします。

F：はい、ありがとうございます。

男《おとこ》の人《ひと》はいくらはらいますか。

「もう1つおねがいします。」→全部《ぜんぶ》で4つ買《か》う。2つで150円《えん》だから、4つで300円《えん》。

"再给我一个"→一共买了4个

2个150日元，所以4个300日元。

覚えよう

□トマト：西红柿　　□2つで 150円《えん》：两个150日元

□もう1つ：再多一个　　※［数《かず》］で［値段《ねだん》］：……一共……

3ばん　1

N5_2_15

大学《だいがく》で、女《おんな》の人《ひと》と男《おとこ》の人《ひと》が話《はな》しています。男《おとこ》の人《ひと》は、昨日《きのう》どうやって学校《がっこう》に来《き》ましたか。

F：山田《やまだ》さんのアパートから学校《がっこう》まで、どのぐらいですか。

M：少《すこ》し遠《とお》いです。自転車《じてんしゃ》で30分《ぷん》ぐらいかかります。

F：たいへんですね。バスはありませんか。

M：ありますが、あまり乗《の》りません。雨《あめ》の日《ひ》だけ、バスに乗《の》ります。

F：昨日《きのう》は雨《あめ》でしたね。バスで来《き》ましたか。

M：いいえ、タクシーで来《き》ました。朝《あさ》、つかれていましたから。

F：そうですか。

M：はい。でも、帰《かえ》るときは歩《ある》きました。

男《おとこ》の人《ひと》は、昨日《きのう》どうやって学校《がっこう》に来《き》ましたか。

昨日《きのう》は タクシーで 学校《がっこう》へ 来《き》た。

男士昨天乘坐出租车来学校的。

覚えよう

□アパート：公寓
□たいへんな：费劲的，真够受的
□自転車《じてんしゃ》：自行车
□タクシー：出租车

4ばん　1

N5_2_16

男《おとこ》の人《ひと》と女《おんな》の人《ひと》が話《はな》しています。二人《ふたり》は、明日《あした》まずどこで会《あ》いますか。

M：明日《あした》の映画《えいが》、何時《なんじ》からですか。

F：午後《ごご》2時《じ》からですよ。

M：じゃあ、映画《えいが》の前《まえ》に、デパートのレストランで、ごはんを食《た》べませんか。

F：いいですね。じゃあ、レストランの前《まえ》で会《あ》いましょうか。

M：えーと、駅前《えきまえ》のバスていから、いっしょに行《い》きましょう。

F：わかりました。　そうしましょう。

二人《ふたり》は、明日《あした》まずどこで会《あ》いますか。

バスていで会《あ》ってから、レストランでいっしょにごはんを食《た》べる。

在公交车站会面后一起去西餐馆吃饭。

覚えよう

□バスてい：公交车站

5ばん　2

N5_2_17

学校《がっこう》で、先生《せんせい》が学生《がくせい》に話《はな》しています。先生《せんせい》はいつ宿題《しゅくだい》を返《かえ》しますか。

M：みなさん、来週《らいしゅう》の水曜日《すいようび》はテストです。今日《きょう》、宿題《しゅくだい》がありますから、来週《らいしゅう》の月曜日《げつようび》に出《だ》してください。私《わたし》が宿題《しゅくだい》を見《み》て、次《つぎ》の日《ひ》に返《かえ》します。よく勉強《べんきょう》してくださいね。

先生《せんせい》はいつ宿題《しゅくだい》を返《かえ》しますか。

月曜日《げつようび》：学生《がくせい》が宿題《しゅくだい》を出《だ》す

星期一：学生交作业

火曜日《かようび》：先生《せんせい》が宿題《しゅくだい》を返《かえ》す

星期二：老师返还作业

水曜日《すいようび》：テスト

星期三：考试

覚えよう

□宿題《しゅくだい》：作业

□宿題《しゅくだい》を見《み》ます：检查作业

□次《つぎ》の日《ひ》：第二天，翌日

□返《かえ》します：返还，归还

6ばん　3

N5_2_18

女《おんな》の人《ひと》と男《おとこ》の人《ひと》が話《はな》しています。女《おんな》の人《ひと》は何人《なんにん》で旅行《りょこう》に行《い》きましたか。

F：山田《やまだ》さん、これ、おみやげです。

M：ありがとうございます。　どこのおみやげですか。

F：沖縄《おきなわ》です。夫《おっと》と、夫《おっと》の両親《りょうしん》といっしょに行《い》きました。

M：へえ、いいですね。

女《おんな》の人《ひと》は何人《なんにん》で旅行《りょこう》に行《い》きましたか。

女《おんな》の人《ひと》＋夫《おっと》＋夫《おっと》の両親《りょうしん》→4人《にん》

女士＋丈夫＋丈夫的父母→一共4个人

★覚えよう

□おみやげ：礼物，土特产

□両親《りょうしん》：父母

□夫《おっと》：丈夫

もんだい3

れい　1　N5_2_20

朝《あさ》、学校《がっこう》で先生《せんせい》に会《あ》いました。何《なん》と言《い》いますか。

M：1　おはようございます。

2　おやすみなさい。

3　おつかれさまでした。

1ばん　1　N5_2_21

友《とも》だちにプレゼントをあげます。何《なん》と言《い》いますか。

F：1　これ、どうぞ。

2　これ、どうも。

3　これ、どうでしたか。

送礼物的人会说“これ、どうぞ”。

收到礼物的人会说“どうも ありがとう”。

2ばん　1　N5_2_22

タクシーに乗《の》っています。駅《えき》に行《い》きたいです。何《なん》と言《い》いますか。

M：1　駅《えき》まで、おねがいします。

2　駅《えき》まで、行《い》きませんか。

3　駅《えき》がほしいです。

乘坐出租车时，要告诉出租车司机想到达的场所。

3ばん　3　N5_2_23

先生《せんせい》の家《いえ》に入《はい》ります。何《なん》と言《い》いますか。

F：1　失礼《しつれい》です。

2　失礼《しつれい》でした。

3　失礼《しつれい》します。

“失礼《しつれい》します”是进出长辈或上司的住所时使用的寒暄语

4ばん　2　N5_2_24

はじめて会《あ》う人《ひと》にあいさつをします。何《なん》と言《い》いますか。

M：1　はじめてです。

2　はじめまして。

3　はじめますね。

はじめまして：对初次见面的人说的寒暄语

始《はじ》めます：开始

5ばん　2　N5_2_25

友《とも》だちがかぜをひきました。何《なん》と言《い》いますか。

F：1　おつかれさまです。

2　お大事《だいじ》に。

3　お元気《げんき》で。

お大事《だいじ》に：对生病或者受伤的人说的寒暄语

お元気《げんき》で：离别时说的寒暄语

もんだい4

れい　2　N5_2_27

F：お名前《なまえ》は。

M：1　18さいです。

2　田中《たなか》ともうします。

3　イタリア人《じん》です。

1ばん　1　N5_2_28

F：トイレはどこですか。

M：1　3階《がい》ですよ。

2　きれいですよ。

3　2つありますよ。

～は どこですか：……在哪里?

2ばん　3　N5_2_29

F：ここから空港《くうこう》まで、どのぐらいかかりますか。

M：1　12時《じ》に出《で》ます。

2　バスで行《い》きます。

3　1時間《じかん》です。

空港《くうこう》：机场

どのぐらい かかりますか：需要花多长时间?
※用于询问所需时长或者所需费用

3ばん　2　N5_2_30

M：テストはどうでしたか。

F：1　がんばってください。

2　あまりわかりませんでした。

3　たくさん勉強《べんきょう》しました。

どうでしたか：怎么样了?

4ばん　2　N5_2_31

F：山田《やまだ》先生《せんせい》のこと、知《し》っていますか。

M：1　いいえ、しません。

2　いいえ、知《し》りません。

3　いいえ、知《し》っていません。

知《し》っていますか：你知道吗?

回答应为"知《し》りません"。 没有选项3"知《し》っていません"的说法。

5ばん　1　N5_2_32

M：少《すこ》し休《やす》みませんか。

F：1　そうですね。休《やす》みましょう。

2　そうですね。休《やす》みませんでした。

3　そうですね。休《やす》みです。

～ませんか：要不要……?

～ましょう：让我们……吧。

6ばん　1　　N5_2_33

M：お子《こ》さんは何《なん》さいですか。

F：1　8さいです。

2　学校《がっこう》にいます。

3　二人《ふたり》います。

第《だい》3回《かい》　解《かい》答《とう》・解《かい》説《せつ》

第3套模拟试题答案及解析

ごうかくもし　かいとうようし

N5 げんごちしき（もじ・ごい）

正答《せいとう》　答案

じゅけんばんごう Examinee Registration Number	

なまえ Name	

〈ちゅうい　Notes〉

1. くろいえんぴつ（HB、No.2）でかいてください。
   Use a black medium soft (HB or No.2) pencil.
   （ペンやボールペンではかかないでください。）
   (Do not use any kind of pen.)
2. かきなおすときは、けしゴムできれいにけしてください。
   Erase any unintended marks completely.
3. きたなくしたり、おったりしないでください。
   Do not soil or bend this sheet.
4. マークれい Marking Examples

よいれい Correct Example	わるいれい Incorrect Examples
●	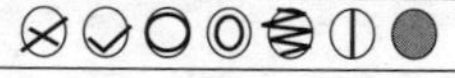

もんだい1				
1	①	●	③	④
2	①	②	●	④
3	①	●	③	④
4	①	②	③	●
5	①	②	③	●
6	●	②	③	④
7	①	●	③	④
8	①	②	●	④
9	①	●	③	④
10	①	②	③	●
11	●	②	③	④
12	●	②	③	④

もんだい2				
13	①	●	③	④
14	①	●	③	④
15	①	②	③	●
16	①	●	③	④
17	①	②	●	④
18	●	②	③	④
19	①	②	●	④
20	①	●	③	④

もんだい3				
21	①	②	●	④
22	①	●	③	④
23	①	②	③	●
24	●	②	③	④
25	①	②	③	●
26	●	②	③	④
27	①	●	③	④
28	①	②	●	④
29	●	②	③	④
30	①	②	③	●

もんだい4				
31	①	②	●	④
32	①	②	③	●
33	●	②	③	④
34	①	②	●	④
35	①	②	③	●

ごうかくもし　かいとうようし

N5 げんごちしき(ぶんぽう)・どっかい

正答《せいとう》　答案

じゅけんばんごう Examinee Registration Number		なまえ Name	

〈ちゅうい　Notes〉

1. くろいえんぴつ（HB、No.2）でかいてください。
   Use a black medium soft (HB or No.2) pencil.
   （ペンやボールペンではかかないでください。）
   (Do not use any kind of pen.)
2. かきなおすときは、けしゴムできれいにけしてください。
   Erase any unintended marks completely.
3. きたなくしたり、おったりしないでください。
   Do not soil or bend this sheet.
4. マークれい Marking Examples

よいれい Correct Example	わるいれい Incorrect Examples
●	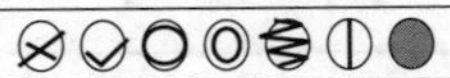

もんだい1

1	①	●	③	④
2	①	●	③	④
3	①	②	●	④
4	●	②	③	④
5	①	②	●	④
6	●	②	③	④
7	①	②	●	④
8	●	②	③	④
9	①	②	●	④
10	①	●	③	④
11	①	●	③	④
12	①	●	③	④
13	①	②	●	④
14	●	②	③	④
15	●	②	③	④
16	①	②	●	④

もんだい2

17	①	②	③	●
18	●	②	③	④
19	①	②	③	●
20	●	②	③	④
21	①	②	●	④

もんだい3

22	●	②	③	④
23	①	②	●	④
24	①	●	③	④
25	①	②	●	④
26	①	●	③	④

もんだい4

27	●	②	③	④
28	①	●	③	④
29	①	②	③	●

もんだい5

30	①	②	③	●
31	①	②	③	●

もんだい6

32	●	②	③	④

ごうかくもし　かいとうようし

N5 ちょうかい

正答《せいとう》　答案

じゅけんばんごう Examinee Registration Number		なまえ Name	

〈ちゅうい　Notes〉

1. くろいえんぴつ（HB、No.2）でかいてください。
   Use a black medium soft (HB or No.2) pencil.
   （ペンやボールペンではかかないでください。）
   (Do not use any kind of pen.)
2. かきなおすときは、けしゴムできれいにけしてください。
   Erase any unintended marks completely.
3. きたなくしたり、おったりしないでください。
   Do not soil or bend this sheet.
4. マークれい Marking Examples

よいれい Correct Example	わるいれい Incorrect Examples
●	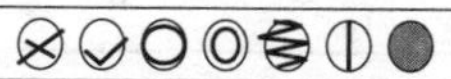

もんだい1

れい	①	②	③	●
1	①	●	③	④
2	①	②	●	④
3	①	●	③	④
4	①	②	③	●
5	①	②	●	④
6	①	②	③	●
7	①	②	③	●

もんだい2

れい	①	②	●	④
1	①	●	③	④
2	①	②	●	④
3	①	②	③	●
4	●	②	③	④
5	①	②	●	④
6	①	②	●	④

もんだい3

れい	●	②	③
1	●	②	③
2	①	●	③
3	●	②	③
4	①	●	③
5	①	②	●

もんだい4

れい	①	●	③
1	①	●	③
2	●	②	③
3	①	②	●
4	①	②	●
5	①	②	●
6	①	②	●

採《さい》点《てん》表《ひょう》 评分表

		配点《はいてん》 分数分配	正答数《せいとうすう》 正答数	点数《てんすう》 得分
もじ・ごい	もんだい1	1点×12問	／12	／12
	もんだい2	1点×8問	／ 8	／ 8
	もんだい3	1点×10問	／10	／10
	もんだい4	2点×5問	／ 5	／10
ぶんぽう	もんだい1	2点×16問	／16	／32
	もんだい2	2点×5問	／ 5	／10
	もんだい3	3点×5問	／ 5	／15
どっかい	もんだい4	4点×3問	／ 3	／12
	もんだい5	4点×2問	／ 2	／ 8
	もんだい6	3点×1問	／ 1	／ 3
	ごうけい	120点		／120

		配点《はいてん》	正答数《せいとうすう》	点数《てんすう》
ちょうかい	もんだい1	3点×7問	／ 7	／21
	もんだい2	3点×6問	／ 6	／18
	もんだい3	3点×5問	／ 5	／15
	もんだい4	1点×6問	／ 6	／ 6
	ごうけい	60点		／60

※本评分表是由本书作者根据试题难易程度而制作的。

解説《かいせつ》 解析

言語知識《げんごちしき》（文字《もじ》・語彙《ごい》）

もんだい1

1 2 かえります

帰《かえ》ります：回，归来

2 3 ちゃ

お茶《ちゃ》：茶

2 水《みず》：水

3 2 じてんしゃ

自転車《じてんしゃ》：自行车

3 自動車《じどうしゃ》：汽车

4 4 あつい

暑《あつ》い：热的，炎热的

1さむい：冷的，寒冷的

5 4 ろっぴゃく

六百《ろっぴゃく》：六百

6 1 うまれました

生《う》まれます：出生

7 2 まいつき

毎月《まいつき》：每个月

8 3 ながい

長《なが》い：长的

1 広《ひろ》い：宽敞的

2 せまい：狭窄的

4 短《みじか》い：短的

9 2 あかい

赤《あか》い：红色的

1 青《あお》い：蓝色的

3 白《しろ》い：白色的

4 黒《くろ》い：黑色的

10 4 はなび

花火《はなび》：烟花

11 1 あかるい

明《あか》るい：明亮的

12 1 おと

音《おと》：声响

2 声《こえ》：声音

3 色《いろ》：颜色

4 味《あじ》：味道

もんだい2

13 2 ボールペン

ボールペン：圆珠笔

14 2 元気

元気《げんき》な：精神的；身体硬朗的

15 4 読みます

読《よ》みます：读，看，阅读

1 書《か》きます：写

2 話《はな》します：说话，讲

3 買《か》います：买

16 **2 兄**

兄《あに》:哥哥

会《あ》います:见面

1 父《ちち》:爸爸，父亲

3 弟《おとうと》:弟弟

4 母《はは》:妈妈，母亲

17 **3 電車**

電車《でんしゃ》:电车

18 **1 小学生**

妹《いもうと》:妹妹

小学生《しょうがくせい》:小学生

2 中学生《ちゅうがくせい》:初中生

3 高校生《こうこうせい》:高中生

4 大学生《だいがくせい》:大学生

19 **3 町**

町《まち》:城镇

1 駅《えき》:车站

2 市《し》:城市，都市

4 村《むら》:村子，村庄

20 **2 会社**

会社《かいしゃ》:公司

もんだい3

21 **3 レストラン**

レストラン:餐厅，西餐馆

1 メートル:米（计量单位）

2 サングラス:墨镜，太阳镜

4 ハンサム:帅，美男子

22 **2 かえしに**

返《かえ》します:返还，归还

1 帰《かえ》ります:回，归来

3 遊《あそ》びます:玩，玩耍

4 わすれます:忘记

23 **4 べんり**

べんりな:便利的，方便的

1 へたな:不擅长的，拙劣的

2 じょうずな:擅长的，拿手的

3 しずかな:安静的

24 **1 のんで**

くすりを 飲《の》みます:吃药，喝药

25 **4 ほん**

～本《ほん》:用于计数细长物体的量词

1 ～まい:用于计数片状物的量词

2 ～こ:……个，用于计数一般事物的量词

3 ～さつ:……本，……册，用于计数书本的量词

26 **1 もって**

持《も》ちます:持，拿

2 書《か》きます:写

3 着《き》ます:穿（衣服）

4 します:做

27 **2 きょねん**

去年《きょねん》:去年

1 来月《らいげつ》:下个月

3 あさって:后天

4 今晩《こんばん》:今晚

28 **3 まって**

待《ま》ちます:等，等待

1 買《か》います:买

2（写真《しゃしん》を）とります:拍（照片）

4 会《あ》います:会面，见面

29 **1 なに**

何《なに》:什么

本屋《ほんや》：书店

となり：旁边，隔壁

2 いつ：什么时候

3 どこ：哪里

4 だれ：谁

30　4 はいります

（おふろに）入《はい》ります：洗澡，泡澡

1 切《き》ります：切，割

2 いります：需要

3（シャワーを）あびます：洗澡，淋浴

もんだい4

31　3 がっこうは　よっかかん　やすみです。

きのう：昨天

あさって：后天

二日間《ふつかかん》：两天

三日間《みっかかん》：三天

四日間《よっかかん》：四天

五日間《いつかかん》：五天

32　4 しゅうまつは　いそがしかったです。

いそがしい＝ひまじゃ ない：忙碌的

1 きれいな：干净的；漂亮的

2 にぎやかな：热闹的

3 たのしい：开心的，快乐的

33　1 あには　えいごを　おしえて　います。

教師《きょうし》：教师

教《おし》えます：教，教授

2 習《なら》います：学，学习

34　3 つまは　およぐのが　へたです。

つま：妻子

泳《およ》ぎます：游泳

へたな＝じょうずじゃ ない：不擅长的，拙劣的

1 きらいな：讨厌的

2 好《す》きな：喜欢的

4 かんたんな：简单的

35　4 いもうとは　ははに　かばんを　かりました。

母《はは》→［かばん］→ 妹《いもうと》

Aは Bに ～を 貸《か》します：A借给B……

Bは Aに ～を 借《か》ります：B向A借……

1・3 Aは Bに ～を あげます：A给B……

言語知識《げんごちしき》（文法《ぶんぽう》）

もんだい1

1 **2 で**

[場所《ばしょ》]＋で：在……（地方）

れい 公園《こうえん》で サッカーを します。／在公园踢足球。

2 **2 に**

[曜日《ようび》]＋に：在……（时间）

れい 日曜日《にちようび》に テニスを します。／在周日打网球。

3 **3 の**

Aと Bの あいだ：A和B之间

れい 学校《がっこう》と 銀行《ぎんこう》の あいだに コンビニが あります。／学校和银行之间有便利店。

4 **1 で**

连续出现两个或两个以上的形容词时：

・[な形容詞《けいようし》] ＋で、～

・[い形容詞《けいようし》] ＋くて、～

れい 兄《あに》は、せが 高《たか》くて、やさしいです。／哥哥个子高且亲切。

5 **3 に**

[方向《ほうこう》]＋に まがります：朝……转弯

れい つぎの 信号《しんごう》を 左《ひだり》に まがります。／在下个信号灯左转。

6 **1 に**

～に 電話《でんわ》を かけます：给……打电话

れい 学校《がっこう》を 休《やす》むときは、先生《せんせい》に 電話《でんわ》を かけます。／缺勤时给老师打电话。

7 **3 から**

[時間《じかん》]＋から：从……开始

れい 授業《じゅぎょう》は 9時《じ》から 12時《じ》までです。／课程是从9点到12点。

8 **1 に**

～に します：表示从众多选项中选择其中一个

9 **3 あとで**

[動詞《どうし》た形《けい》]＋あとで：做完某事之后（前接动词た形）

1 [動詞辞書形《どうしじしょけい》] ＋まえに：做某事之前（前接动词辞书形）

2 [名詞《めいし》]＋のまえに：在……之前（前接名词）

4 [名詞《めいし》]＋のあとで：在……之后（前接名词）

10 **2 かく**

[動詞辞書形《どうしじしょけい》]＋とき：在做某事时（前接动词辞书形）

れい 学校《がっこう》へ 行《い》くとき、電車《でんしゃ》に 乗《の》ります。／去学校的时候，乘坐电车。

11 **2 どちら**

お国《くに》は どちらですか：你来自哪个国家?

12 **2 まだ**

まだ ～て いません：还没……

まだです＝まだ 食《た》べて いません

れい まだ 宿題《しゅくだい》を して いません。／还没做作业。

13 **3 だれが**

わたしです＝わたしが とりました

14 1 こと

[動詞《どうし》辞書形《じしょけい》]＋ことが 好《す》きです：喜欢做某事（前接动词辞书形）

れい 妹《いもうと》は 本《ほん》を 読《よ》むことが 好《す》きです。／妹妹喜欢读书。

15 1 行《い》きませんか

～ませんか：你要不要……？

れい 夏休《なつやす》み、いっしょに 旅行《りょこう》に 行《い》きませんか。／暑假你要不要一起去旅行？

16 3 どうぞ

あげる 人《ひと》「どうぞ。」

もらう 人《ひと》「どうも ありがとう。」

もんだい2

17 4

あにはわたし 3より 2せ 4が 1高《たか》い です。

Aは Bより ～：A比B更……

れい 中国《ちゅうごく》は 日本《にほん》より 広《ひろ》いです。／中国比日本大。

Aは Bが ～：A的B……

れい うちの 犬《いぬ》は 毛《け》が 長《なが》いです。／我家的狗的毛很长。

18 1

このふるい 4かさ 2は 1父《ちち》 3の です。

古《ふる》い：旧的，老旧的

父《ちち》の＝父《ちち》の かさ

19 4

お母《かあ》さんの 3びょうきは 2もう 4よく 1なりました か。

もう：已经；再

[い形容詞《けいようし》]～く なります：变得……

「いい」→「よく なります」

れい この タオルは 古《ふる》く なりましたから、すてます。／因为这条毛巾旧了，所以扔掉。

20 1

駅《えき》の 2となりに 3大《おお》きい 1スーパーが 4できて べんりになりました。

～の となり：……的旁边

～て、～：连接两个或两个以上的句子时使用て形。

れい 動物園《どうぶつえん》へ 行《い》って、写真《しゃしん》を とりました。

21 3

ここはわたし 4が 1きのう 3来《き》た 2店《みせ》 です。

わたしが きのう 来《き》た 店《みせ》

もんだい3

22 1 います

描述人的时候需要用“います”而不是“あります”。

れい 公園《こうえん》に 子《こ》どもが たくさん います。／公园里有很多小孩。（人）

れいぞうこの 中《なか》に ぎゅうにゅうが 3本《ぼん》 あります。／冰箱里有3瓶牛奶。（物）

23 3 だから

【原因《げんいん》】みんな その ルールを まもります。

↓ だから

【結果《けっか》】

きもちよく 電車《でんしゃ》に のることが できます。

24 2 と

Aと Bは ちがいます：A和B不同。

25 3 話《はな》しません

あまり ～ません：不怎么……

れい　さむいですから、あまり 外《そと》に 行《い》きません。
／因为冷所以不怎么去户外。

26　2 で

[道具《どうぐ》] ＋で：表示道具或手段

れい　なべで 料理《りょうり》を 作《つく》ります。／用锅做菜。

読解《どっかい》

もんだい４

(1) 27 1

わたしは　先週《せんしゅう》の　火曜日《かようび》から　金曜日《きんようび》まで　京都《きょうと》に　行《い》きました。火曜日《かようび》は　お寺《てら》を　見《み》たり、買《か》いものを　したり　しました。わたしは　お寺《てら》が　好《す》きですから、水曜日《すいようび》も　見《み》に　行《い》きました。木曜日《もくようび》は　映画館《えいがかん》で　映画《えいが》を　見《み》ました。金曜日《きんようび》は　おみやげを　買《か》いました。とても　たのしかったです。

火曜日《かようび》と 水曜日《すいようび》に お寺《てら》を 見《み》に 行《い》った。

“我”周二和周三去参观了寺院。

覚えよう

□お寺《てら》：寺院　　□おみやげ：礼物，土特产

□映画館《えいがかん》：电影院

(2) 28 2

図書館《としょかん》を　使《つか》う　みなさんへ

今日《きょう》は　図書館《としょかん》の　本《ほん》を　かたづけます。本《ほん》を　かりることは　できません。かえす　本《ほん》は　入口《いりぐち》の　となりの　ポストに　入《い》れて　ください。

２階《かい》の　へやは　午後《ごご》１時《じ》から　５時《じ》までです。へやの　入口《いりぐち》に　紙《かみ》が　ありますから、紙《かみ》に　名前《なまえ》を　書《か》いてから　使《つか》って　ください。

中央図書館《ちゅうおうとしょかん》

本《ほん》を 返《かえ》すときは、入口《いりぐち》の となりの ポストに 入《い》れる。

还书的时候，将书放在图书馆入口旁边的邮筒里。

覚えよう

□かたづけます：收拾，整理　　□ポスト：邮筒，信箱

□入口《いりぐち》：入口

(3) **29** 4

ユンさん

12時《じ》15分《ふん》ごろ　ヤマダ会社《がいしゃ》の　森《もり》さんから　電話《でんわ》が　ありました。あしたの　会議《かいぎ》の　時間《じかん》を　かえたいと　言《い》って　いました。16時《じ》までに　電話《でんわ》を　してください。

森《もり》さんは　これから　出《で》かけますから、会社《かいしゃ》では　なくて、森《もり》さんの　けいたい電話《でんわ》に　かけて　ください。

佐藤《さとう》　12:20

16時《じ》までに けいたい電話《でんわ》に 電話《でんわ》を する。

小悠需要16点前给小森的手机打电话。

覚えよう

□会議《かいぎ》：会议

□出《で》かけます：出门

□変《か》えます：改变，变更

□けいたい電話《でんわ》：手机

□これから：从现在开始

もんだい5

30 4　**31** 4

東京《とうきょう》へ　行《い》きました

ジェイソン・パーク

先週《せんしゅう》、母《はは》が　日本《にほん》に　来《き》ました。母《はは》と　いっしょに　東京《とうきょう》へ　行《い》きました。**30** 母《はは》と　わたしは　日本語《にほんご》が　あまり　できませんから、すこし　こわかったです。

東京《とうきょう》では、レストランや　お店《みせ》や　お寺《てら》など、いろいろな　ところへ　行《い》きました。スマホで　電車《でんしゃ》の　時間《じかん》を　しらべたり、レストランを　さがしたり　しました。レストランの　人《ひと》は　英語《えいご》を　話《はな》しましたから、よく　わかりました。母《はは》は　「来年《らいねん》も　来《き》たい」と　言《い》いました。

わたしたちが　行《い》った　ところには、外国人《がいこくじん》が　たくさん　いました。**31** つぎは、外国人《がいこくじん》が　あまり　行《い》かない　ところへ　行《い》って、日本人《にほんじん》と　日本語《にほんご》で　話《はな》したいです。

30　日本語《にほんご》が あまり できない（＝じょうずじゃ ない）から、こわかった。

因为日语不是很好，所以害怕。

31　外国人《がいこくじん》が あまり 行《い》かない ところ（＝外《がい》国人《こくじん》が 少《すく》ない ところ）へ 行《い》きたい。

想去外国人不大去的地方。

覚えよう

□こわい：害怕
□お寺《てら》：寺院
□スマホ：智能手机
□しらべます：查，调查
□さがします：找，寻找
□英語《えいご》：英语

もんだい６

32 1

あおばまつり

ぜひ　来《き》て　ください！

日《ひ》にち：9月《がつ》12日《にち》（土《ど》）

ばしょ：中央公園《ちゅうおうこうえん》

時間《じかん》：9時《じ》から　15時《じ》まで

くだものの　ケーキ

- 9時《じ》から　11時《じ》まで
- 1つ　300円《えん》

いろいろな　くだものの　ケーキを　うって　います。

おもちゃ

- 11時《じ》から　15時《じ》まで
- 1つ　1,200円《えん》 ×

子《こ》どもも　おとなも　すきな　おもちゃを　うって　います。

こどもの　ふく

- 13時《じ》から　14時《じ》まで ×
- 1つ　1,000円《えん》

かわいい　ふくを　うって　います。

やさい

- 14時《じ》から　15時《じ》まで ×
- 1つ　150円《えん》

おいしい　やさいを　うって　います。

10時半《じはん》から 12時半《じはん》まで→「こどもの ふく」と「やさい」は×

从10点半到12点半→"儿童服装"和"蔬菜"还没开始售卖

持《も》っている お金《かね》は1,000円《えん》→「おもちゃ」は×

因为奈央带了1000日元的现金→买不了"玩具"

覚えよう

□売《う》ります：卖，出售
□ふく：衣服

聴《ちょう》解《かい》

もんだい1

れい　4　N5_3_03

男《おとこ》の人《ひと》と女《おんな》の人《ひと》が話《はな》しています。女《おんな》の人《ひと》は、明日《あした》まずどこへ行《い》きますか。

M：明日《あした》、映画《えいが》を見《み》に行《い》きませんか。

F：すみません。明日《あした》はアメリカから友《とも》だちが来《き》ますから、ちょっと…。

M：そうですか。空港《くうこう》まで行《い》きますか。

F：いいえ、電車《でんしゃ》の駅《えき》で会《あ》います。それから、いっしょに動物園《どうぶつえん》へ行《い》きます。

女《おんな》の人《ひと》は、明日《あした》まずどこへ行《い》きますか。

1ばん　2　N5_3_04

会社《かいしゃ》で、男《おとこ》の人《ひと》と女《おんな》の人《ひと》が話《はな》しています。男《おとこ》の人《ひと》は、明日《あした》何《なに》を持《も》って行《い》きますか。

M：あのう、すみません、明日《あした》の説明会《せつめいかい》は何時《なんじ》から何時《なんじ》までですか。

F：10時《じ》から16時《じ》までです。おべんとうや飲《の》みものは、自分《じぶん》で持《も》ってきてください。

M：説明会《せつめいかい》は、何《なに》をしますか。

F：会社《かいしゃ》のルールや、仕事《しごと》の説明《せつめい》をします。しりょうがありますから、ペンなど書《か》くものを持《も》ってきてください。IDカードは、明日《あした》わたします。

持《も》って行《い》くもの：おべんとう、飲《の》みもの、書《か》くもの（ペン）

需要带的物品：盒饭、饮料、笔

説明会《せつめいかい》でもらうもの：しりょう、IDカード

说明会提供的物品：资料、ID卡

M：わかりました。

男《おとこ》の人《ひと》は、明日《あした》何《なに》を持《も》って行《い》きますか。

覚えよう

□説明会《せつめいかい》：说明会

□おべんとう：盒饭

□ルール：规定，规则

□仕事《しごと》：工作

□説明《せつめい》を します：说明

□しりょう：资料

□IDカード：ID卡

2ばん　3　　N5_3_05

駅《えき》で、女《おんな》の人《ひと》と駅員《えきいん》が話《はな》しています。女《おんな》の人《ひと》はどのボタンを押《お》しますか。

F：あのう、大人《おとな》二人《ふたり》と子《こ》ども三人《さんにん》、きっぷを買《か》いたいです。どのボタンですか。

M：お子《こ》さんは何《なん》さいですか。

F：10さいと4さいと2さいです。

M：そうですか。4さいと2さいのお子《こ》さんは、お金《かね》がかかりません。

F：じゃあ、大人《おとな》二人《ふたり》と子《こ》ども一人《ひとり》でいいですか。

M：はい。

F：わかりました。ありがとうございます。

女《おんな》の人《ひと》はどのボタンを押《お》しますか。

4さいと 2さいの 子《こ》どもは お金《かね》が かからない。→大人《おとな》二人《ふたり》と 子《こ》ども一人《ひとり》の きっぷを 買《か》う。

4岁和2岁的孩子不需要花钱→ 所以买2张大人票和1张小孩票就可以。

覚えよう

□駅員《えきいん》：车站工作人员

□ボタン：按钮

□押《お》します：按，摁

□きっぷ：票，车票

□お金《かね》が かかります：花钱，开销

3ばん　2

🔊 N5_3_06

男《おとこ》の人《ひと》と女《おんな》の留学生《りゅうがくせい》が話《はな》しています。女《おんな》の留学生《りゅうがくせい》はどのクラスで勉《べん》
強《きょう》しますか。

M：日本語《にほんご》のクラスは、レベルが2つあります。はじめて勉強《べんきょう》する人《ひと》はレベル1、ひらがなとカタカナができる人《ひと》はレベル2です。

F：そうですか。私《わたし》は、国《くに》でひらがなとカタカナを勉強《べんきょう》しました。

M：じゃ、レベル2ですね。レベル2のクラスは、朝《あさ》と夜《よる》があります。どちらがいいですか。

F：何時《なんじ》から何時《なんじ》までですか。

M：朝《あさ》は9時《じ》から11時《じ》、夜《よる》は18時《じ》から20時《じ》までです。

F：18時《じ》からアルバイトがありますから、夜《よる》はちょっと…。

M：じゃあ、こちらのクラスですね。

女《おんな》の留学生《りゅうがくせい》はどのクラスで勉強《べんきょう》しますか。

夜《よる》は アルバイトが ある から、朝《あさ》の クラスで 勉《べん》強《きょう》する。

女留学生因为晚上有兼职，所以在早班学习。

覚えよう

□～は ちょっと…（婉曲的《えんきょくてき》に断《ことわ》る表現《ひょうげん》）：……有点困难……（委婉拒绝他人的表达）

4ばん　4

🔊 N5_3_07

女《おんな》の人《ひと》と男《おとこ》の人《ひと》が話《はな》しています。女《おんな》の人《ひと》は何《なに》を持《も》って行《い》きますか。

F：明日《あした》のパーティー、おかしを持《も》って行《い》きましょうか。

M：おかしは田中《たなか》さんが持《も》ってきますから、だいじょうぶですよ。料《りょう》理《り》は私《わたし》と伊藤《いとう》さんが作《つく》ります。飲《の》みものをおねがいします。

F：はい、わかりました。

M：それと、うちにはコップがあまりありませんから、コップもおねがいします。

女《おんな》の人《ひと》は、飲《の》みものとコップを 持《も》って 行《い》く。おかしと 料理《りょうり》は 持《も》って 行《い》かない。

女士带饮料和杯子去，不带点心和菜。

F：わかりました。持《も》って行《い》きます。

女《おんな》の人《ひと》は何《なに》を持《も》って行《い》きますか。

覚えよう

□コップ：杯子

5ばん　3　　N5_3_08

男《おとこ》の人《ひと》と女《おんな》の人《ひと》が話《はな》しています。男《おとこ》の人《ひと》は、このあと何《なに》に乗《の》りますか。

M：すみません、城山大学《しろやまだいがく》にはどうやって行《い》きますか。

F：城山大学《しろやまだいがく》は、バスがべんりですよ。ほら、あそこのバスていから、2ばんのバスに乗《の》ってください。あ、でも今日《きょう》はもうありませんね。

M：そうですか。

F：電車《でんしゃ》でも行《い》けますよ。ここから駅《えき》まで歩《ある》いて15分《ふん》ぐらいです。1ばんせんの電車《でんしゃ》ですよ。

M：そうですか。じゃあ、そうします。ありがとうございました。

男《おとこ》の人《ひと》は、このあと何《なに》に乗《の》りますか。

そうします。＝電車《でんしゃ》に乗《の》ります。

“そうします”指代的是乘坐电车。

覚えよう

□バスてい：公交车站　　□～ばんせん：……号线

6ばん　4　　N5_3_09

女《おんな》の人《ひと》と男《おとこ》の人《ひと》が話《はな》しています。二人《ふたり》はいつ映画《えいが》を見《み》に行《い》きますか。

F：この映画《えいが》、いっしょに見《み》に行《い》きませんか。

M：いいですね。今日《きょう》行《い》きましょうか。

F：今日《きょう》はいそがしいですから、ちょっと…。来週《らいしゅう》はどうですか。

M：火曜日《かようび》と木曜日《もくようび》はだいじょうぶですよ。

F：そうですか。私《わたし》は水曜日《すいようび》にテストがありますから、火曜日《かようび》は勉強《べんきょう》します。木曜日《もくようび》はどうですか。

M：いいですよ。楽《たの》しみですね。

二人《ふたり》はいつ映画《えいが》を見《み》に行《い》きますか。

火曜日《かようび》：勉《べん》強

星期二：学习

水曜日《すいようび》：テスト

星期三：考试

木曜日《もくようび》：映画《えいが》を見《み》に行《い》く

星期四：去看电影

7ばん　4　　🔊 N5_3_10

学校《がっこう》で、先生《せんせい》が学生《がくせい》に話《はな》しています。学生《がくせい》は、来週《らいしゅう》何《なに》を持《も》って行《い》きますか。

F：来週《らいしゅう》のテストは、12時《じ》に始《はじ》まります。おくれないでください。それから、えんぴつとけしごむを持《も》ってきてください。教室《きょうしつ》に時計《とけい》がありませんから、時計《とけい》も自分《じぶん》で持《も》ってきてください。テストのとき、辞書《じしょ》を使《つか》ってはいけませんから、辞書《じしょ》は持《も》ってこないでください。あ、それから、受験票《じゅけんひょう》を忘《わす》れないでくださいね。

学生《がくせい》は、来週《らいしゅう》何《なに》を持《も》って行《い》きますか。

持《も》って行《い》くもの：えんぴつ、けしごむ、時計《とけい》、受験票《じゅけんひょう》

需要带的物品：铅笔、橡皮、表、准考证

辞書《じしょ》は持《も》って行《い》かない。

不用带辞典。

覚えよう

□えんぴつ：铅笔

□けしごむ：橡皮擦

□時計《とけい》：钟表

□辞書《じしょ》：辞典

□受験票《じゅけんひょう》：准考证

もんだい2

れい　3　　🔊 N5_3_12

学校《がっこう》で、男《おとこ》の学生《がくせい》と女《おんな》の先生《せんせい》が話《はな》しています。男《おとこ》の学生《がくせい》はいつ先生《せんせい》と話《はな》しますか。

M：先生《せんせい》、レポートのことを話《はな》したいです。

F：そうですか。これから会議《かいぎ》ですから、3時《じ》からはどうですか。

M：すみません、3時半《じはん》からアルバイトがあります。

F：じゃあ、明日《あした》の9時《じ》からはどうですか。

M：ありがとうございます。おねがいします。

F：10時《じ》からクラスがありますから、それまで話《はな》しましょう。

男《おとこ》の学生《がくせい》はいつ先生《せんせい》と話《はな》しますか。

1ばん　2

N5_3_13

女《おんな》の人《ひと》と男《おとこ》の人《ひと》が話《はな》しています。男《おとこ》の人《ひと》はいつジョギングをしますか。

F：どうしましたか。つかれていますね。

M：今朝《けさ》5キロ走《はし》りました。

F：へえ、そうですか。毎朝《まいあさ》ジョギングをしていますか。

M：いいえ、木曜日《もくようび》と週末《しゅうまつ》だけです。

男《おとこ》の人《ひと》はいつジョギングをしますか。

木曜日《もくようび》と土曜日《どようび》と日《にち》曜日《ようび》にジョギングをする。

男士周四、周六和周日慢跑。

覚えよう

□ジョギング：慢跑

□週末《しゅうまつ》：周末

□～キロ：……公里

2ばん　3

N5_3_14

ケーキ屋《や》で、男《おとこ》の店員《てんいん》と女《おんな》の人《ひと》が話《はな》しています。女《おんな》の人《ひと》はどのケーキを買《か》いましたか。

M：いらっしゃいませ。

F：すみません、どんなケーキがありますか。

M：くだもののケーキと、チーズケーキと、チョコレートケーキがあります。

F：じゃあ、チーズケーキ1つください。

M：くだもののケーキもおいしいですよ。いちごのケーキとりんごのケーキがあります。いかがですか。

F：うーん、けっこうです。

女《おんな》の人《ひと》はどのケーキを買《か》いましたか。

くだもののケーキは買《か》わない。

女士的意思是不买水果蛋糕。

覚えよう

□店員《てんいん》：店员

□チーズケーキ：芝士蛋糕

□チョコレートケーキ：巧克力蛋糕

□けっこうです＝いらないです：不用了

3ばん　4　N5_3_15

会社《かいしゃ》で、男《おとこ》の人《ひと》と女《おんな》の人《ひと》が話《はな》しています。女《おんな》の人《ひと》は今日《きょう》何時《なんじ》に起《お》きましたか。

M：おはようございます。あれ？今日《きょう》は早《はや》いですね。

F：今日《きょう》はタクシーで来《き》ました。

M：タクシー？どうしましたか。

F：いつもは朝《あさ》6時半《じはん》に起《お》きますが、今日《きょう》は7時半《じはん》でした。1時間《じかん》もおそかったです。びっくりして、いそいでタクシーに乗《の》りました。

女《おんな》の人《ひと》は今日《きょう》何時《なんじ》に起《お》きましたか。

今日《きょう》は7時半《じはん》に起《お》きた。

女士今天七点半起床的。

覚えよう

□タクシー：出租车

□いそぎます：急忙，赶紧

□びっくりします：吃惊，吓一跳

第3回

文字・語彙

文法

読解

聴解

4ばん　1

N5_3_16

ラジオで、女《おんな》の人《ひと》が話《はな》しています。女《おんな》の人《ひと》は、家《いえ》に帰《かえ》ってはじめに何《なに》をしますか。

F：仕事《しごと》のあと、よくジムに行《い》きます。運動《うんどう》してから家《いえ》に帰《かえ》って、ごはんの前《まえ》に、テレビを見《み》ます。ジムでシャワーをあびますから、ジムの日《ひ》は家《いえ》でおふろに入《はい》りません。ごはんのあと、寝《ね》る前《まえ》に本《ほん》を読《よ》みます。本《ほん》を読《よ》むのが好《す》きですから、毎晩《まいばん》読《よ》みます。

女《おんな》の人《ひと》は、家《いえ》に帰《かえ》ってはじめに何《なに》をしますか。

ジム→家《いえ》に 帰《かえ》る→テレビ→ごはん→本《ほん》→寝《ね》る

健身房→ 回家→看电视→ 吃饭→ 读书→睡觉

覚えよう

□ジム：健身房　□運動《うんどう》します：运动

5ばん　3

N5_3_17

学校《がっこう》で、女《おんな》の学生《がくせい》と男《おとこ》の学生《がくせい》が話《はな》しています。女《おんな》の学生《がくせい》は、一年《いちねん》に何回《なんかい》家族《かぞく》に会《あ》いますか。

F：もうすぐ夏休《なつやす》みですね。田中《たなか》さんは何《なに》をしますか。

M：私《わたし》は旅行《りょこう》に行《い》きます。鈴木《すずき》さんは？

F：私《わたし》は家族《かぞく》に会《あ》います。今《いま》、一人《ひとり》で生活《せいかつ》していますから、長《なが》い休《やす》みはいつも両親《りょうしん》の家《いえ》に帰《かえ》ります。夏休《なつやす》みと冬休《ふゆやす》み、それから春《はる》休《やす》みも会《あ》いに行《い》きます。

M：そうですか。楽《たの》しみですね。

女《おんな》の学生《がくせい》は、一年《いちねん》に何回《なんかい》家族《かぞく》に会《あ》いますか。

1年《ねん》に 3回《かい》（夏休《なつやす》み、冬休《ふゆやす》み、春休《はるやす》み）家族《かぞく》に会《あ》う。

女学生一年和家人见面三回（暑假、寒假、春假）。

覚えよう

□生活《せいかつ》します：生活　□冬休《ふゆやす》み：寒假

□夏休《なつやす》み：暑假　□春休《はるやす》み：春假

6ばん　3

🔊N5_3_18

男《おとこ》の人《ひと》と女《おんな》の人《ひと》が話《はな》しています。男《おとこ》の人《ひと》は昨日《きのう》何《なに》をしましたか。

M：昨日《きのう》の休《やす》みは何《なに》をしましたか。

F：映画館《えいがかん》に行《い》きました。映画《えいが》を見《み》たあと、買《か》いものをして帰《かえ》りました。ダンさんは？

M：私《わたし》はうちで国《くに》の料理《りょうり》を作《つく》りました。今度《こんど》のパーティーで作《つく》りますから、練習《れんしゅう》しました。

F：そうですか。

男《おとこ》の人《ひと》は昨日《きのう》何《なに》をしましたか。

男《おとこ》の人《ひと》は、うちで料《りょう》理《り》をした。
男士在家做菜了。

覚えよう

□練習《れんしゅう》します：练习

もんだい3

れい　1

🔊N5_3_20

朝《あさ》、学校《がっこう》で先生《せんせい》に会《あ》いました。何《なん》と言《い》いますか。

F：1　おはようございます。

2　おやすみなさい。

3　おつかれさまでした。

1ばん　1

🔊N5_3_21

授業《じゅぎょう》におくれました。何《なん》と言《い》いますか。

M：1　おくれて、すみません。

2　おくれますが、すみません。

3　おくれますから、すみません。

〜て：表示理由

れい　好《す》きな 人《ひと》から メールが 来《き》て、うれしいです。

2ばん　2

🔊N5_3_22

レストランでピザを食《た》べたいです。店《みせ》の人《ひと》に何《なん》と言《い》いますか。

F：1　ピザ、ごちそうさまでした。

2　ピザ、おねがいします。

3　ピザ、食《た》べましょうか。

ピザ：比萨饼

1 ごちそうさまでした：吃完饭时的寒暄语

3ばん　1

🔊N5_3_23

美容院《びよういん》でかみを切《き》りたいです。何《なん》と言《い》いますか。

M：1　短《みじか》くしてください。

2　短《みじか》くていいですね。

3　短《みじか》くないです。

美容院《びよういん》：美容院

[い形容詞《けいようし》]〜く します：使……变得……

4ばん　2

🔊N5_3_24

荷物《にもつ》が来《き》ました。サインをします。何《なん》と言《い》いますか。

F：1　サインをおねがいします。

2　サイン、ここでいいですか。

3　サイン、しませんか。

荷物《にもつ》：货物，行李

サイン：签名，签字

ここで いいですか：这里可以吗?

5ばん　3

🔊N5_3_25

美術館《びじゅつかん》で絵《え》の写真《しゃしん》をとりたいです。何《なん》と言《い》いますか。

M：1　写真《しゃしん》をとりましょうか。

2　写真《しゃしん》をとってください。

3　写真《しゃしん》をとってもいいですか。

美術館《びじゅつかん》：美术馆

〜ても いいですか：可以……吗?

1 〜ましょうか：做……吧?

2 〜て ください：请你……

もんだい4

れい　2　N5_3_27

F：お名前《なまえ》は。

M：1　18さいです。

2　田中《たなか》ともうします。

3　イタリア人《じん》です。

1ばん　2　N5_3_28

F：コーヒー、いかがですか。

M：1　はい、どうぞ。

2　あ、ありがとうございます。

3　すみません、ありません。

いかがですか：向别人推荐食物或饮品时使用的表达

2ばん　1　N5_3_29

M：いっしょに昼《ひる》ごはんを食《た》べに行《い》きませんか。

F：1　すみません、今《いま》、ちょっといそがしくて…。

2　はい、とてもおいしかったですね。

3　いいえ、あまり行《い》きません。

～ませんか：要不要……？

3ばん　3　N5_3_30

M：授業《じゅぎょう》はもう終《お》わりましたか。

F：1　いいえ、終《お》わります。

2　いいえ、終《お》わりましたよ。

3　いいえ、まだです。

もう ～ました：已经……了

まだ：还（未），仍旧

4ばん　3　N5_3_31

F：だれとお昼《ひる》ごはんを食《た》べましたか。

M：1　12時《じ》です。

2　カレーライスです。

3　一人《ひとり》で食《た》べました。

だれと：和谁

カレーライス：咖喱饭

5ばん　3　N5_3_32

F：スピーチの練習《れんしゅう》はしましたか。

M：1　山田《やまだ》さん、とてもじょうずでしたよ。

2　それは心配《しんぱい》ですね。

3　はい、たくさんしました。

心配《しんぱい》です：担心

6ばん　3　N5_3_33

M：すみません、佐藤《さとう》さんはどこにいますか。

F：1　どこでもいいです。

2　あそこにあります。

3　会議室《かいぎしつ》にいます。

因为佐藤是人，所以动词要用“います”而不是“あります”。

会議室《かいぎしつ》：会议室

N5
げんごちしき（もじ・ごい）
（25ふん）

ちゅうい
Notes

1. しけんが　はじまるまで、この　もんだいようしを　あけないで　ください。
Do not open this question booklet until the test begins.

2. この　もんだいようしを　もって　かえる　ことは　できません。
Do not take this question booklet with you after the test.

3. じゅけんばんごうと　なまえを　したの　らんに、じゅけんひょうと　おなじように　かいて　ください。
Write your examinee registration number and name clearly in each box below as written on your test voucher.

4. この　もんだいようしは、ぜんぶで　8ページ　あります。
This question booklet has 8 pages.

5. もんだいには　かいとうばんごうの 1 、 2 、 3 … が　あります。かいとうは、かいとうようしに　ある　おなじ　ばんごうの　ところに　マークして　ください。
One of the row numbers 1 , 2 , 3 … is given for each question. Mark your answer in the same row of the answer sheet.

じゅけんばんごう　Examinee Registration Number	

なまえ　Name	

もんだい1　＿＿＿の　ことばは　ひらがなで　どう　かきますか。
1・2・3・4から　いちばん　いい　ものを　ひとつ　えらんで　ください。

（れい）その　こどもは　小さいです。

1　ちさい　　2　ちいさい　　3　じさい　　4　じいさい

（かいとうようし）

（れい）	①　●　③　④

1　この　くるまは　新しいです。

1　うつくしい　　2　やさしい

3　たのしい　　4　あたらしい

2　きょうは　いい　天気　ですね。

1　てんき　　2　てんち　　3　でんき　　4　でんち

3　その　はこは　とても　重いです。

1　おそい　　2　おおい　　3　とおい　　4　おもい

4　ふじさんは　有名な　やまです。

1　ゆうな　　2　ゆな　　3　ゆうめい　　4　ゆめい

5　耳が　いたいですから、びょういんへ　いきます。

1　あたま　　2　みみ　　3　あし　　4　め

6　すみません、左に　まがって　ください。

1　にし　　2　ひがし　　3　ひだり　　4　みぎ

7　タンさんの　お姉さんは　がっこうの　せんせいです。

1　あに　　2　あね　　3　にい　　4　ねえ

8 ともだちの　へやに　入ります。

1　まいります　　2　かえります

3　いります　　4　はいります

9 社長は　とても　いそがしいです。

1　しゃちょう　　2　しゃしょう

3　しゅちょう　　4　しゅしょう

10 9じ半に　がっこうへ　きてください。

1　ふん　　2　へん　　3　ほん　　4　はん

11 ちちの　たんじょうびは　八日です。

1　ようか　　2　よっか　　3　むいか　　4　ここのか

12 へやの　中で　あそびます。

1　なか　　2　うち　　3　じゅう　　4　ちゅう

**もんだい２　＿＿＿の　ことばは　どう　かきますか。１・２・３・４から
いちばん　いい　ものを　ひとつ　えらんで　ください。**

（れい）この　テレビは　すこし　やすいです。

1　低い　　2　暗い　　3　安い　　4　悪い

（かいとうようし）

（れい）	①　②　●　④

13 きのう　たかい　ぱそこんを　かいました。

1　パンコン　　2　パンコリ

3　パソコン　　4　パソコリ

14 わたしの　せんせいは　せが　たかいです。

1　生光　　2　生王　　3　先生　　4　先土

15 へやの　まどを　あけます。

1　閉けます　　2　開けます　　3　門けます　　4　間けます

16 あめが　ふって　きましたから、かえりましょう。

1　天　　2　多　　3　月　　4　雨

17 この　みせは　きんようびは　やすみです。

1　全　　2　金　　3　会　　4　合

18 この　りょうりは　ははが　つくりました。

1　百　　2　白　　3　毎　　4　母

19 いっしょに　ひるごはんを　たべます。

1　食べます　　2　近べます　　3　分べます　　4　長べます

20 あしたは　がっこうを　やすみます。

1　体みます　　2　仏みます　　3　仕みます　　4　休みます

もんだい3　（　　　）に　なにが　はいりますか。1・2・3・4から　いちばん　いい　ものを　ひとつ　えらんで　ください。

（れい）きのう　サッカーを　（　　　）しました。

1　れんしゅう　　2　こしょう

3　じゅんび　　4　しゅうり

（かいとうようし）

（れい）	● ② ③ ④

---

21 ゆうべ　（　　　）で　ニュースを　みました。

1　ボタン　　2　テレビ　　3　フォーク　　4　ギター

22 すみません、はさみを　（　　　）も　いいですか。

1　かかって　　2　かりて　　3　かぶって　　4　かえって

23 たなかさんは、くろい　（　　　）を　きています。

1　めがね　　2　くつ　　3　ぼうし　　4　うわぎ

24 プールで　（　　　）から、つかれました。

1　およぎました　　2　むかえました

3　うまれました　　4　おくりました

25 わたしの　うちに　くるまが　2（　　　）　あります。

1　だい　　2　まい　　3　ひき　　4　こ

26 あついですから、（　　　）ジュースを　のみたいです。

1　きたない　　2　つめたい　　3　ながい　　4　いそがしい

27 かいしゃに　でんわを　(　　　)。

1　はなします　　2　つけます

3　かけます　　4　はらいます

28 コーヒーと　こうちゃと、(　　　)が　すきですか。

1　いつ　　2　なん　　3　どこ　　4　どちら

29 まりさんは　うたが　(　　　)です。

1　きれい　　2　おいしい　　3　じょうず　　4　べんり

30 ここで　しゃしんを　(　　　)　ください。

1　すわないで　　2　のぼらないで

3　ぬがないで　　4　とらないで

もんだい4　＿＿＿の　ぶんと　だいたい　おなじ　いみの　ぶんが　あります。1・2・3・4から　いちばん　いい　ものを　ひとつ　えらんで　ください。

（れい）わたしは　にほんごの　ほんが　ほしいです。

1　わたしは　にほんごの　ほんを　もって　います。

2　わたしは　にほんごの　ほんが　わかります。

3　わたしは　にほんごの　ほんを　うって　います。

4　わたしは　にほんごの　ほんを　かいたいです。

（かいとうようし）

（れい）	①　②　③　●

31　しごとは　9じから　5じまでです。

1　しごとは　9じに　はじまって　5じに　おわります。

2　しごとは　9じに　おわって　5じに　はじまります。

3　しごとは　9じかんです。

4　しごとは　5じかんです。

32　せんせいは　もう　うちに　かえりました。

1　せんせいは　まだ　がっこうに　います。

2　せんせいは　いま　がっこうに　いません。

3　せんせいは　うちで　しごとを　しません。

4　せんせいは　ときどき　がっこうに　きます。

33　そふは　けいさつかんです。

1　ちちの　ちちは　けいさつかんです。

2　ちちの　ははは　けいさつかんです。

3　ちちの　きょうだいは　けいさつかんです。

4　ちちの　りょうしんは　けいさつかんです。

34 いもうとは　まいにち　いそがしいです。

1　いもうとは　ときどき　にぎやかです。

2　いもうとは　ときどき　たのしいです。

3　いもうとは　いつも　ひまじゃ　ありません。

4　いもうとは　いつも　へたじゃ　ありません。

35 あいさんは　かなさんに　おもしろい　DVDを　かりました。

1　かなさんは　あいさんに　おもしろい　DVDを　かしました。

2　かなさんは　あいさんに　おもしろい　DVDを　もらいました。

3　あいさんは　かなさんに　おもしろい　DVDを　かしました。

4　あいさんは　かなさんに　おもしろい　DVDを　もらいました。

合格模試　第1回

問題用紙《もんだいようし》

N5

言《げん》語《ご》知《ち》識《しき》(文法《ぶんぽう》)・読《どっ》解《かい》

(50ぷん)

注《ちゅう》　意《い》

Notes

1. 試験《しけん》が始《はじ》まるまで、この問題用紙《もんだいようし》をあけないでください。

   Do not open this question booklet until the test begins.

2. この問題用紙《もんだいようし》を持《も》ってかえることはできません。

   Do not take this question booklet with you after the test.

3. 受験番号《じゅけんばんごう》となまえをしたの欄《らん》に、受験票《じゅけんひょう》とおなじようにかいてください。

   Write your examinee registration number and name clearly in each box below as written on your test voucher.

4. この問題用紙《もんだいようし》は、全部《ぜんぶ》で15ページあります。

   This question booklet has 15 pages.

5. 問題《もんだい》には解答番号《かいとうばんごう》の 1 、 2 、 3 … があります。
   解答《かいとう》は、解答用紙《かいとうようし》にあるおなじ番号《ばんごう》のところにマークしてください。

   One of the row numbers 1, 2, 3 … is given for each question. Mark your answer in the same row of the answer sheet.

受験番号《じゅけんばんごう》　Examinee Registration Number	

なまえ　Name	

もんだい1　（　　）に　何《なに》を　入《い》れますか。1・2・3・4から　いちばん　いい　ものを　一《ひと》つ　えらんで　ください。

（れい）きのう　ともだち（　　）　こうえんへ　いきました。

1　と　　2　を　　3　は　　4　や

（かいとうようし）

（れい）	● ② ③ ④

---

1 きょう　しごとは　3時《じ》（　　）　おわります。

1　が　　2　に　　3　は　　4　と

2 みち（　　）　わたるとき、車《くるま》に　きを　つけましょう。

1　が　　2　に　　3　を　　4　で

3 たべもの（　　）　何《なに》が　いちばん　すきですか。

1　が　　2　で　　3　を　　4　へ

4 この　みせには　くだもの（　　）　やさいが　たくさん　あります。

1　に　　2　を　　3　へ　　4　や

5 A「すてきな　しゃしんですね。いつ　とりましたか。」

B「せんしゅう（　　）　日曜日《にちようび》です。うみの　中《なか》で　とりました。」

1　は　　2　に　　3　の　　4　と

6 A「もうすぐ　テストですから、まいにち　3時間《じかん》　べんきょうして　います。」

B「そうですか。それは　たいへんです（　　）。がんばって　ください。」

1　の　　2　ね　　3　た　　4　から

7 （　　）教室《きょうしつ》は　わたしの　へやより　あかるいです。

1　こう　　2　ここ　　3　この　　4　これ

8 きのう　食《た》べた　ケーキは　（　　　）　おいしくなかったです。

1　よりも　　2　よく　　3　すぐ　　4　あまり

9 わたしの　まちでは　きのう　雨《あめ》が　ふりました。きょう（　　　）　雨《あめ》が　ふって　います。

1　に　　2　の　　3　を　　4　も

10 学校《がっこう》の　あとで　ともだちの　うちへ　（　　　）　行《い》きます。

1　あそびに　　2　あそんで　　3　あそぶ　　4　あそんだ

11 A「マリオさんは　（　　　）　人《ひと》ですか。」

B「あの　かみが　ながい　人《ひと》です。」

1　どう　　2　どの　　3　だれの　　4　どこの

12 うちから　えきまで　（　　　）　かかりますか。

1　どうして　　2　どちら

3　どのぐらい　　4　どのように

13 この　もんだいは　とても　むずかしいですから、（　　　）　こたえが　わかりません。

1　だれが　　2　だれに　　3　だれも　　4　だれより

14（レストランで）

A「Bさん、のみものは　（　　　）　しますか。」

B「コーヒーが　いいです。」

1　なにに　　2　なにも　　3　なにが　　4　なにを

15 A「あの　しろい　ぼうしを　（　　　）　人《ひと》は　だれですか。」

B「田中先生《たなかせんせい》ですよ。」

1　かぶって　　　　2　かぶります

3　かぶりながら　　　　4　かぶっている

16 林《はやし》「みなさん、こちら、アリさんです。きょうから　わたしたちの　チームではたらきます。」

アリ「はじめまして、アリです。これから　よろしく　（　　　）。」

1　おねがいです　　　　2　おねがいします

3　おねがいしました　　　　4　おねがいしましょう

第1回

文法

もんだい2　＿★＿に　入《はい》る　ものは　どれですか。1・2・3・4から　いちばん　いい　ものを　一《ひと》つ　えらんで　ください。

（もんだいれい）

A「いつ　＿＿＿　＿＿＿　＿★＿　＿＿＿　か。」

B「3月《がつ》です。」

1　くに　　2　へ　　3　ごろ　　4　かえります

（こたえかた）

1. ただしい　文《ぶん》を　つくります。

> A「いつ　＿＿＿　＿＿＿　＿★＿　＿＿＿　か。」
>
> 　　　　3　ごろ　1　くに　2　へ　4　かえります
>
> B「3月《がつ》です。」

2. ＿★＿に　入《はい》る　ばんごうを　くろく　ぬります。

（かいとうようし）

（れい）	①　●　③　④

---

17 A「大学《だいがく》　＿＿＿　＿＿＿　＿★＿　＿＿＿　ですか。」

B「すこし　むずかしいです。」

1　どう　　2　の　　3　は　　4　べんきょう

18 わたしは　日本《にほん》の　＿＿＿　＿＿＿　＿★＿　＿＿＿　が　すきです。

1　うたう　　2　うた　　3　の　　4　を

19 山川《やまかわ》さんは　＿＿＿　＿＿＿　＿★＿　＿＿＿　しています。

1　おんがくを　　2　しゅくだいを

3　ながら　　4　きき

20 この ＿＿＿ ＿＿＿ ＿★＿ ＿＿＿ すわないで ください。

1 では　　2 を　　3 教室《きょうしつ》　　4 たばこ

21 りょこうのとき、 ＿＿＿ ＿＿＿ ＿★＿ ＿＿＿ したり しました。

1 おてらへ　　2 ふるい　　3 スキーを　　4 行《い》ったり

もんだい3　[22]から　[26]に　何《なに》を　入《い》れますか。ぶんしょうの　いみを　かんがえて、1・2・3・4から　いちばん　いい　ものを　一《ひと》つ　えらんで　ください。

リーさんと　ハンさんは　「わたしの　ともだち」の　さくぶんを　書《か》いて、クラスの　みんなの　前《まえ》で　読《よ》みます。

(1)　リーさんの　さくぶん

わたしの　ともだちは、ミンさんです。ミンさんは、となりの　へや　[22]　住《す》んで　います。いつも　いっしょに　ごはんを　食《た》べます。

ミンさんは　よく　じぶんの　国《くに》の　テレビを　見《み》ます。[23]、日本《にほん》の　テレビを　ぜんぜん　見《み》ません。わたしは　日本《にほん》の　テレビで　見《み》た　ことを　ミンさんに　話《はな》します。ミンさんは　とても　いい　ともだちです。

(2)　ハンさんの　さくぶん

わたしの　ともだちは、テイさんです。テイさんは、今《いま》　ゆうめいな　会社《かいしゃ》で　[24]。いつも　仕事《しごと》が　いそがしいですから、休《やす》みの　日《ひ》が　少《すく》ないです。

きのうは　[25]　から、いっしょに　買《か》いものを　して、レストランへ　行《い》きました。わたしと　テイさんは　学校《がっこう》の　ことや　仕事《しごと》の　ことを　話《はな》しました。とても　たのしかったです。また　テイさんに　[26]。

22

1 で　　2 に　　3 へ　　4 を

23

1 でも　　2 もっと　　3 では　　4 あとで

24

1 働《はたら》きましょう　　2 働《はたら》きません

3 働《はたら》きました　　4 働《はたら》いて　います

25

1 休《やす》みです　　2 休《やす》みじゃ　ありません

3 休《やす》みでした　　4 休《やす》みじゃ　ないです

26

1 会《あ》いましたか　　2 会《あ》いたいです

3 会《あ》って　いました　　4 会《あ》いませんでした

もんだい4　つぎの　(1)から　(3)の　ぶんしょうを　読《よ》んで、しつもんに　こたえて　ください。こたえは、1・2・3・4から　いちばん　いい　ものを　一《ひと》つ　えらんで　ください。

(1)

わたしは　子《こ》どもの　とき、きらいな　食《た》べものが　ありました。にくと　やさいは　好《す》きでしたが、さかなは　好《す》きじゃ　ありませんでした。今《いま》は、さかな料理《りょうり》も　大好《だいす》きで、よく　食《た》べます。でも、今《いま》　ダイエットを　していますから、あまいものは　食《た》べません。

27「わたし」は　子《こ》どもの　とき、何《なに》が　きらいでしたか。

1　にくが　きらいでした。

2　やさいが　きらいでした。

3　さかなが　きらいでした。

4　あまいものが　きらいでした。

(2)

メイさんが　コウさんに　手紙《てがみ》を　書《か》きました。

コウさんへ

映画《えいが》の　チケットが　2まい　あります。いっしょに　行《い》きませんか。
場所《ばしょ》は、駅《えき》の　前《まえ》の　映画館《えいがかん》です。今週《こんしゅう》の　土曜日《どようび》か　日曜日《にちようび》に
行《い》きたいです。
コウさんは　いつが　いいですか。電話《でんわ》で　教《おし》えて　ください。

メイ

---

28 コウさんは　この　手紙《てがみ》を　読《よ》んだ　あとで、どうしますか。

1　映画《えいが》の　チケットを　買《か》います。
2　映画館《えいがかん》へ　行《い》きます。
3　メイさんの　うちへ　行《い》きます。
4　メイさんに　電話《でんわ》を　かけます。

(3)

(学校《がっこう》で)

学生《がくせい》が　この　紙《かみ》を　見《み》ました。

Aクラスの　みなさんへ

高木《たかぎ》先生《せんせい》が　病気《びょうき》に　なりました。今日《きょう》の　午後《ごご》の　授業《じゅぎょう》は　ありません。
あしたは　午後《ごご》から　授業《じゅぎょう》が　あります。あさっては　午前《ごぜん》だけ
授業《じゅぎょう》が　あります。
あさっての　授業《じゅぎょう》で　かんじの　テストを　しますから、テキストの
21ページから　23ページまでを　べんきょうして　ください。

12月《がつ》15日《にち》
ASK日本語学校《にほんごがっこう》

29 いつ　かんじの　テストが　ありますか。

1　12月《がつ》15日《にち》　午前《ごぜん》
2　12月《がつ》16日《にち》　午後《ごご》
3　12月《がつ》17日《にち》　午前《ごぜん》
4　12月《がつ》18日《にち》　午後《ごご》

**もんだい5　つぎの　ぶんしょうを　読《よ》んで、しつもんに　こたえて　ください。
こたえは、1・2・3・4から　いちばん　いい　ものを　一《ひと》つ
えらんで　ください。**

これは　リンさんが　書《か》いた　さくぶんです。

ルカさんと　出《で》かけました

リン・ガク

先週《せんしゅう》の　日曜日《にちようび》、朝《あさ》ごはんを　食《た》べた　あとで、おべんとうを　作《つく》りました。わたしは　料理《りょうり》が　好《す》きですから、いつも　じぶんで　ごはんを　作《つく》ります。それから、ルカさんと　会《あ》って、いっしょに　海《うみ》へ　およぎに　行《い》きました。わたしは　たくさん　およぎました。でも、ルカさんは　①およぎませんでした。「きのう　おそくまで　おきて　いましたから、ねむいです。」と　言《い》って、休《やす》んで　いました。そのあと、わたしが　作《つく》った　おべんとうを　いっしょに　食《た》べました。

ルカさんは　来週《らいしゅう》　たんじょうびですから、プレゼントを　あげました。電車《でんしゃ》の　本《ほん》です。ルカさんは、電車《でんしゃ》が　好《す》きで、いつも　電車《でんしゃ》の　話《はなし》を　しますが、わたしは　よく　わかりません。きのう、図書館《としょかん》で　②電車《でんしゃ》の　本《ほん》を　かりました。この本《ほん》を　読《よ》んで、ルカさんと　電車《でんしゃ》の　話《はなし》を　したいです。

30 ルカさんは　どうして　①およぎませんでしたか。

1　おべんとうを　作《つく》って、つかれたから

2　夜《よる》　おそくまで　おきていて、ねむかったから

3　電車《でんしゃ》の　本《ほん》を　読《よ》みたかったから

4　たくさん　べんきょうを　したかったから

31 リンさんは　どうして　②電車《でんしゃ》の　本《ほん》を　かりましたか。

1　ルカさんと　電車《でんしゃ》に　乗《の》りたいから

2　ルカさんと　電車《でんしゃ》の　話《はなし》を　したいから

3　ルカさんに　電車《でんしゃ》の　本《ほん》を　あげたいから

4　ルカさんと　電車《でんしゃ》を　見《み》に　行《い》きたいから

もんだい6　右《みぎ》の　ページを　見《み》て、下《した》の　しつもんに　こたえて　ください。こたえは、1・2・3・4から　いちばん　いい　ものを　一《ひと》つ　えらんで　ください。

32 アンさんは　山川《やまかわ》びじゅつかんへ　行《い》きたいです。電車《でんしゃ》か　バスに　のって、10時《じ》までに　行《い》きたいです。電車《でんしゃ》や　バスは　安《やす》い　ほうが　いいです。アンさんは　どの　行《い》き方《かた》で　行《い》きますか。

1　①

2　②

3　③

4　④

山川《やまかわ》びじゅつかんの　行《い》き方《かた》

①	山野川駅《やまのかわえき》	電車《でんしゃ》 15分《ふん》 200円《えん》	五島駅《ごしまえき》	あるく 15分《ふん》	山川《やまかわ》 びじゅつ かん	10時《じ》5分《ふん》
②	船山駅《ふなやまえき》	電車《でんしゃ》 20分《ぷん》 280円《えん》	三山駅《みやまえき》	あるく 5分《ふん》	山川《やまかわ》 びじゅつ かん	9時《じ》50分《ぷん》
③	バスてい 山野川《やまのかわ》	バス 30分《ぷん》 350円《えん》	バスてい 山川《やまかわ》びじゅつ かん前《まえ》	あるく 1分《ぷん》	山川《やまかわ》 びじゅつ かん	10時《じ》10分《ぷん》
④	バスてい 竹林前《ちくりんまえ》	バス 25分《ふん》 350円《えん》	バスてい 三山通《みやまどお》り	あるく 5分《ふん》	山川《やまかわ》 びじゅつ かん	9時《じ》55分《ふん》

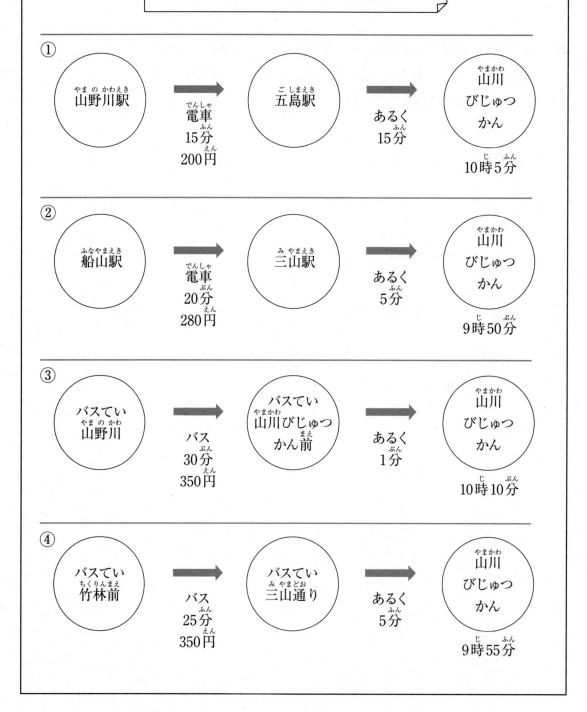

合格模試　第1回　　　　問題用紙《もんだいようし》

N5

聴解《ちょうかい》

（30分《ぷん》）

注《ちゅう》　意《い》

Notes

1. 試験《しけん》が始《はじ》まるまで、この問題用紙《もんだいようし》を開《あ》けないでください。

   Do not open this question booklet until the test begins.

2. この問題用紙《もんだいようし》を持《も》って帰《かえ》ることはできません。

   Do not take this question booklet with you after the test.

3. 受験番号《じゅけんばんごう》と名前《なまえ》を下《した》の欄《らん》に、受験票《じゅけんひょう》と同《おな》じように書《か》いてください。

   Write your examinee registration number and name clearly in each box below as written on your test voucher.

4. この問題用紙《もんだいようし》は、全部《ぜんぶ》で14ページあります。

   This question booklet has 14 pages.

5. この問題用紙《もんだいようし》にメモをとってもいいです。

   You may make notes in this question booklet.

受験番号《じゅけんばんごう》　Examinee Registration Number	

名前《なまえ》　Name	

もんだい1 N5_1_02

もんだい1では、はじめに　しつもんを　きいて　ください。それから　はなしを　きいて、もんだいようしの　1から4の　なかから、いちばん　いい　ものを　ひとつ　えらんで　ください。

れい N5_1_03

1　どうぶつえん
2　えいがかん
3　くうこう
4　でんしゃの　えき

1ばん N5_1_04

1

2

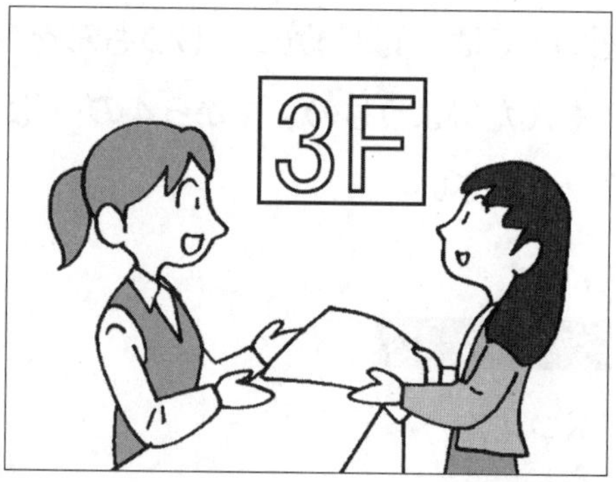

3

4

2ばん N5_1_05

1

2

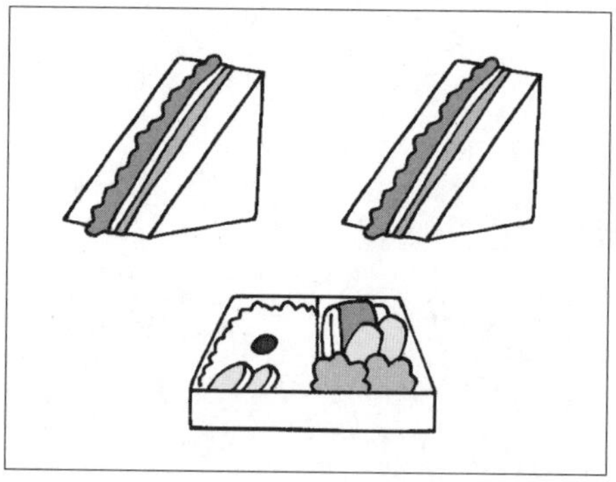

3

4

3ばん　N5_1_06

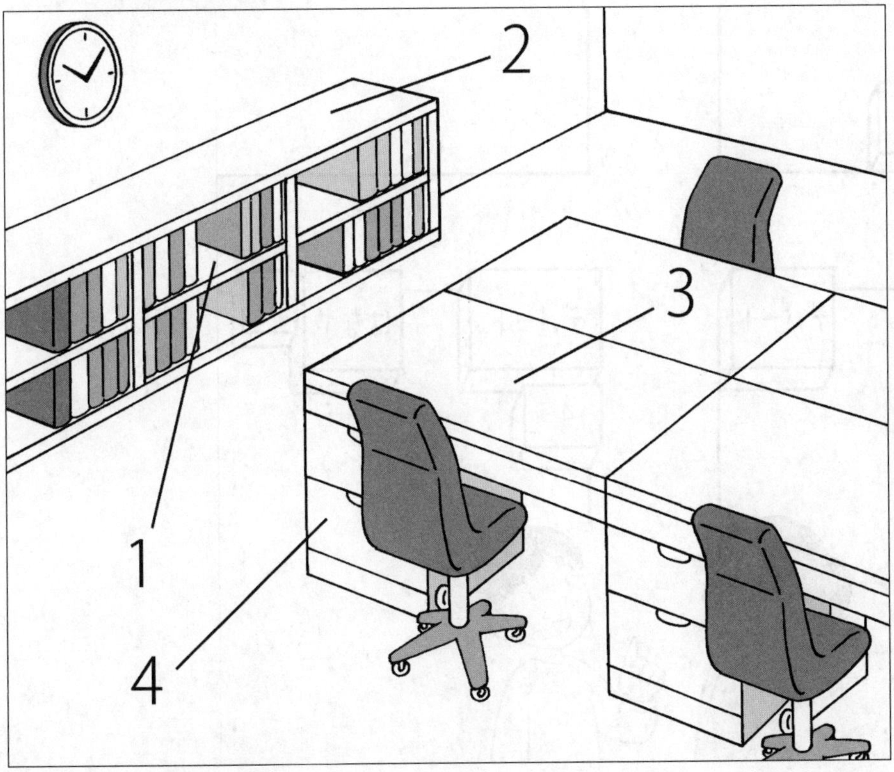

4ばん　N5_1_07

1　10:30

2　10:50

3　11:00

4　11:10

5ばん　N5_1_08

6ばん　N5_1_09

1　げつようび
2　かようび
3　すいようび
4　もくようび

7ばん N5_1_10

1

2

3

4

もんだい2 N5_1_11

もんだい2では、はじめに　しつもんを　きいて　ください。それから　はなしを　きいて、もんだいようしの　1から4の　なかから、いちばん　いい　ものを　ひとつ　えらんで　ください。

れい N5_1_12

1　きょうの　3じ
2　きょうの　3じはん
3　あしたの　9じ
4　あしたの　10じ

1ばん N5_1_13

1

2

3

4

2ばん N5_1_14

1　プールへ　およぎに　いきます

2　テニスを　します

3　レストランへ　いきます

4　こうえんを　さんぽします

3ばん N5_1_15

1

2

3

4

4ばん N5_1_16

1
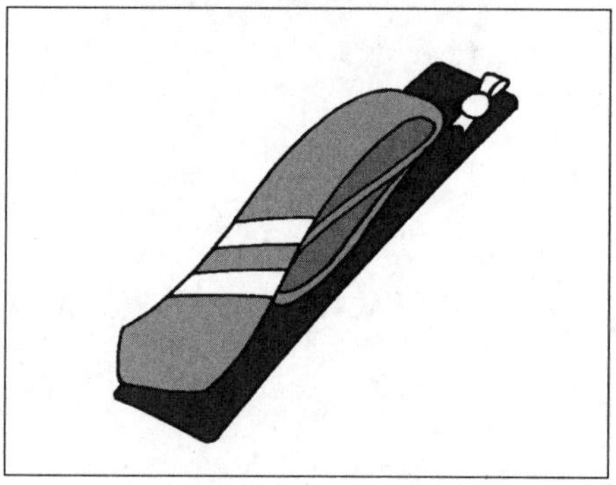

2
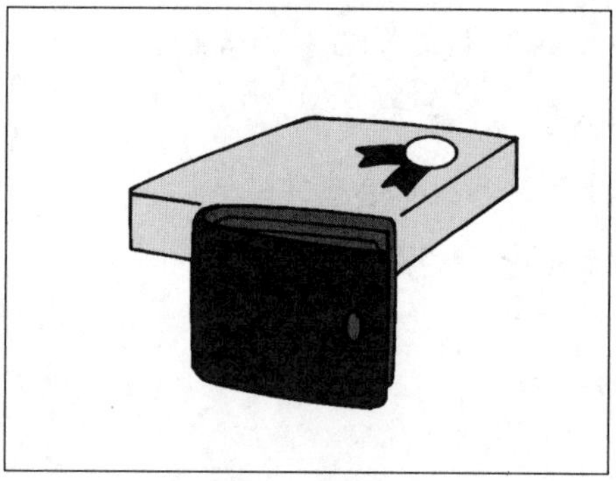

3

4

5ばん　N5_1_17

1　せんせい

2　かいしゃいん

3　ぎんこういん

4　いしゃ

6ばん　N5_1_18

1　みちが　わからなかったから

2　じてんしゃが　なかったから

3　しゅくだいを　わすれたから

4　てんきが　よかったから

もんだい3 N5_1_19

もんだい3では、えを　みながら　しつもんを　きいて　ください。

➡（やじるし）の　ひとは　なんと　いいますか。1から3の　なかから、いちばん　いい　ものを　ひとつ　えらんで　ください。

れい N5_1_20

1ばん N5_1_21

2ばん N5_1_22

第1回

聴解

3ばん N5_1_23

4ばん N5_1_24

5ばん N5_1_25

もんだい4 N5_1_26

　もんだい4は、えなどが　ありません。ぶんを　きいて、1から3の　なかから、いちばん　いい　ものを　ひとつ　えらんで　ください。

れい N5_1_27

1ばん N5_1_28

2ばん N5_1_29

3ばん N5_1_30

4ばん N5_1_31

5ばん N5_1_32

6ばん N5_1_33

ごうかくもし　かいとうようし

N5 げんごちしき（もじ・ごい）

第1回

じゅけんばんごう Examinee Registration Number		なまえ Name	

〈ちゅうい　Notes〉

1. くろいえんぴつ（HB、No.2）でかいてください。
   Use a black medium soft (HB or No.2) pencil.
   （ペンやボールペンではかかないでください。）
   (Do not use any kind of pen.)
2. かきなおすときは、けしゴムできれいにけしてください。
   Erase any unintended marks completely.
3. きたなくしたり、おったりしないでください。
   Do not soil or bend this sheet.
4. マークれい Marking Examples

よいれい Correct Example	わるいれい Incorrect Examples
●	

もんだい1				
1	①	②	③	④
2	①	②	③	④
3	①	②	③	④
4	①	②	③	④
5	①	②	③	④
6	①	②	③	④
7	①	②	③	④
8	①	②	③	④
9	①	②	③	④
10	①	②	③	④
11	①	②	③	④
12	①	②	③	④
もんだい2				
13	①	②	③	④
14	①	②	③	④
15	①	②	③	④
16	①	②	③	④
17	①	②	③	④
18	①	②	③	④
19	①	②	③	④
20	①	②	③	④

もんだい3				
21	①	②	③	④
22	①	②	③	④
23	①	②	③	④
24	①	②	③	④
25	①	②	③	④
26	①	②	③	④
27	①	②	③	④
28	①	②	③	④
29	①	②	③	④
30	①	②	③	④
もんだい4				
31	①	②	③	④
32	①	②	③	④
33	①	②	③	④
34	①	②	③	④
35	①	②	③	④

ごうかくもし　かいとうようし

N5 げんごちしき(ぶんぽう)・どっかい

第1回

じゅけんばんごう Examinee Registration Number		なまえ Name	

〈ちゅうい　Notes〉

1. くろいえんぴつ (HB、No.2) でかいてください。
   Use a black medium soft (HB or No.2) pencil.
   (ペンやボールペンではかかないでください。)
   (Do not use any kind of pen.)
2. かきなおすときは、けしゴムできれいにけしてください。
   Erase any unintended marks completely.
3. きたなくしたり、おったりしないでください。
   Do not soil or bend this sheet.
4. マークれい Marking Examples

よいれい Correct Example	わるいれい Incorrect Examples
●	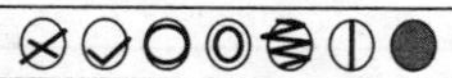

もんだい1				
1	①	②	③	④
2	①	②	③	④
3	①	②	③	④
4	①	②	③	④
5	①	②	③	④
6	①	②	③	④
7	①	②	③	④
8	①	②	③	④
9	①	②	③	④
10	①	②	③	④
11	①	②	③	④
12	①	②	③	④
13	①	②	③	④
14	①	②	③	④
15	①	②	③	④
16	①	②	③	④
もんだい2				
17	①	②	③	④
18	①	②	③	④
19	①	②	③	④
20	①	②	③	④
21	①	②	③	④

もんだい3				
22	①	②	③	④
23	①	②	③	④
24	①	②	③	④
25	①	②	③	④
26	①	②	③	④
もんだい4				
27	①	②	③	④
28	①	②	③	④
29	①	②	③	④
もんだい5				
30	①	②	③	④
31	①	②	③	④
もんだい6				
32	①	②	③	④

ごうかくもし　かいとうようし

N5 ちょうかい

第1回

じゅけんばんごう Examinee Registration Number		なまえ Name	

〈ちゅうい　Notes〉

1. くろいえんぴつ（HB、No.2）でかいてください。
   Use a black medium soft (HB or No.2) pencil.
   （ペンやボールペンではかかないでください。）
   (Do not use any kind of pen.)
2. かきなおすときは、けしゴムできれいにけしてください。
   Erase any unintended marks completely.
3. きたなくしたり、おったりしないでください。
   Do not soil or bend this sheet.
4. マークれい Marking Examples

よいれい Correct Example	わるいれい Incorrect Examples
●	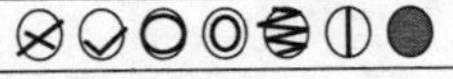

もんだい1

れい	①	②	③	●
1	①	②	③	④
2	①	②	③	④
3	①	②	③	④
4	①	②	③	④
5	①	②	③	④
6	①	②	③	④
7	①	②	③	④

もんだい2

れい	①	②	●	④
1	①	②	③	④
2	①	②	③	④
3	①	②	③	④
4	①	②	③	④
5	①	②	③	④
6	①	②	③	④

もんだい3

れい	●	②	③
1	①	②	③
2	①	②	③
3	①	②	③
4	①	②	③
5	①	②	③

もんだい4

れい	①	●	③
1	①	②	③
2	①	②	③
3	①	②	③
4	①	②	③
5	①	②	③
6	①	②	③

N5

げんごちしき（もじ・ごい）

（25ふん）

ちゅうい

Notes

1. しけんが　はじまるまで、この　もんだいようしを　あけないで　ください。
   Do not open this question booklet until the test begins.

2. この　もんだいようしを　もって　かえる　ことは　できません。
   Do not take this question booklet with you after the test.

3. じゅけんばんごうと　なまえを　したの　らんに、じゅけんひょうと　おなじように　かいて　ください。
   Write your examinee registration number and name clearly in each box below as written on your test voucher.

4. この　もんだいようしは、ぜんぶで　8ページ　あります。
   This question booklet has 8 pages.

5. もんだいには　かいとうばんごうの [1]、[2]、[3] … が　あります。かいとうは、かいとうようしに　ある　おなじ　ばんごうの　ところに　マークして　ください。
   One of the row numbers [1], [2], [3] … is given for each question. Mark your answer in the same row of the answer sheet.

じゅけんばんごう　Examinee Registration Number	

なまえ　Name	

もんだい1 ＿＿＿の ことばは ひらがなで どう かきますか。
1・2・3・4から いちばん いい ものを ひとつ えらんで
ください。

（れい）その こどもは 小さいです。

1 ちさい　　2 ちいさい　　3 じさい　　4 じいさい

（かいとうようし）

（れい）	① ● ③ ④

---

1 しごとで 外国へ いきます。

1 がいくに　　2 がいこく　　3 そとくに　　4 そとこく

2 マリアさんは 九月に けっこんしました。

1 くげつ　　2 くがつ

3 きゅうげつ　　4 きゅうがつ

3 きれいな 花ですね。

1 かお　　2 はな　　3 き　　4 そら

4 ここへ 来ないで ください。

1 きないで　　2 くないで　　3 けないで　　4 こないで

5 あさから 足が いたいです。

1 うで　　2 あたま　　3 あし　　4 くび

6 この まちには おおきな 川が あります。

1 いけ　　2 かわ　　3 いえ　　4 みち

7 なつやすみに 高い やまに のぼりました。

1 たかい　　2 ひろい　　3 きれい　　4 とおい

8 ジュースが　何本　ほしいですか。

1　なにぼん　　2　なにほん　　3　なんぼん　　4　なんぽん

9 えきの　北に　びじゅつかんが　あります。

1　ひがし　　2　にし　　3　きた　　4　みなみ

10 かぎは　つくえの　上に　あります。

1　まえ　　2　よこ　　3　うえ　　4　した

11 先月　パーティーを　しました。

1　せんげつ　　2　ぜんげつ　　3　せんがつ　　4　ぜんがつ

12 ここから　みずが　出ます。

1　います　　2　します　　3　ねます　　4　でます

もんだい2　＿＿＿の　ことばは　どう　かきますか。1・2・3・4から
いちばん　いい　ものを　ひとつ　えらんで　ください。

（れい）この　テレビは　すこし　やすいです。

1　低い　　2　暗い　　3　安い　　4　悪い

（かいとうようし）

（れい）	①　②　●　④

13　わたしは　あいすくりーむが　すきです。

1　アイスクリーム　　2　アイヌクリーム
3　アイスワリーム　　4　アイヌワリーム

14　よるから　あめが　ふります。

1　朝　　2　昼　　3　夕　　4　夜

15　わたしは　えいごを　はなします。

1　読します　　2　語します　　3　話します　　4　詰します

16　よく　みて　ください。

1　見て　　2　貝て　　3　目て　　4　買て

17　はこの　なかに　なにを　いれましたか。

1　白　　2　申　　3　本　　4　中

18　あおきさんと　わたしは　おなじ　クラスです。

1　田じ　　2　回じ　　3　月じ　　4　同じ

19 りょうしんに　てがみを　かきます。

1　申きます　　2　里きます　　3　軍きます　　4　書きます

20 らいしゅう、テストが　あります。

1　来週　　2　前週　　3　今週　　4　先週

もんだい3　（　　）に　なにが　はいりますか。1・2・3・4から　いちばん　いい　ものを　ひとつ　えらんで　ください。

（れい）きのう　サッカーを　（　　）しました。

1　れんしゅう　　2　こしょう

3　じゅんび　　4　しゅうり

（かいとうようし）

（れい）	● ② ③ ④

---

21 しろい　おさらを　4（　　）かいました。

1　はい　　2　さつ　　3　だい　　4　まい

22 つぎの　えきで　でんしゃを　（　　）。

1　とおります　　2　とります　　3　のります　　4　おります

23 さむいですから　まどを　（　　）ください。

1　しめて　　2　いれて　　3　つけて　　4　けして

24 あきらくんは　（　　）おとこのこです。

1　かんたんな　　2　むりな　　3　べんりな　　4　げんきな

25 あついですから　（　　）を　つけましょう。

1　スプーン　　2　コンビニ　　3　エアコン　　4　デザイン

26 せんせい、すみません。しゅくだいを　（　　）。

1　はらいました　　2　ひきました

3　まけました　　4　わすれました

27 この　スープは　とても　（　　）です。

1　まるい　　2　つよい　　3　からい　　4　よわい

28 しゅうまつは、テストの　（　　　）を　します。

1　そうじ　　2　べんきょう　　3　しょくじ　　4　せんたく

29 あめでしたが、（　　　）が　ありませんでしたから、こまりました。

1　めいし　　2　かさ　　3　しゃしん　　4　とけい

30 この　みちを　（　　　）、みぎに　まがります。

1　きって　　2　もって　　3　つくって　　4　わたって

もんだい４　＿＿＿＿の　ぶんと　だいたい　おなじ　いみの　ぶんが　あります。１・２・３・４から　いちばん　いい　ものを　ひとつ　えらんで　ください。

（れい）わたしは　にほんごの　ほんが　ほしいです。

1　わたしは　にほんごの　ほんを　もって　います。

2　わたしは　にほんごの　ほんが　わかります。

3　わたしは　にほんごの　ほんを　うって　います。

4　わたしは　にほんごの　ほんを　かいたいです。

（かいとうようし）

（れい）	①　②　③　●

31　ゆうべから　あめが　ふっています。

1　きのうの　あさから　あめが　ふって　います。

2　きのうの　よるから　あめが　ふって　います。

3　おとといの　あさから　あめが　ふって　います。

4　おとといの　よるから　あめが　ふって　います。

32　きょうしつは　ひろくないです。

1　きょうしつは　せまいです。

2　きょうしつは　おおきいです。

3　きょうしつは　ちかいです。

4　きょうしつは　あかるいです。

33　あした　しごとは　やすみでは　ありません。

1　あした　しごとを　しません。

2　あした　しごとを　やすみます。

3　あした　しごとに　いきます。

4　あした　しごとに　いきません。

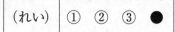

34 このまちは　とても　しずかです。

1　このまちは　とても　きれいです。

2　このまちは　とても　つまらないです。

3　このまちは　にぎやかじゃ　ありません。

4　このまちは　じょうぶじゃ　ありません。

35 くうこうまで　ともだちを　おくりました。

1　ともだちは　ひとりで　くうこうへ　いきました。

2　ともだちを　くうこうへ　つれていきました。

3　ともだちが　くうこうに　きました。

4　ともだちに　くうこうで　あいました。

合格模試　第2回　　　　　　　　　　　　　　　　　　　問題用紙《もんだいようし》

N5

言《げん》語《ご》知《ち》識《しき》（文法《ぶんぽう》）・読《どっ》解《かい》

（50ぷん）

注《ちゅう》　意《い》

Notes

1. 試験《しけん》が始《はじ》まるまで、この問題用紙《もんだいようし》をあけないでください。

   Do not open this question booklet until the test begins.

2. この問題用紙《もんだいようし》を持《も》ってかえることはできません。

   Do not take this question booklet with you after the test.

3. 受験番号《じゅけんばんごう》となまえをしたの欄《らん》に、受験票《じゅけんひょう》とおなじようにかいてください。

   Write your examinee registration number and name clearly in each box below as written on your test voucher.

4. この問題用紙《もんだいようし》は、全部《ぜんぶ》で15ページあります。

   This question booklet has 15 pages.

5. 問題《もんだい》には解答番号《かいとうばんごう》の 1 、 2 、 3 … があります。
   解答《かいとう》は、解答用紙《かいとうようし》にあるおなじ番号《ばんごう》のところにマークしてください。

   One of the row numbers 1 , 2 , 3 … is given for each question. Mark your answer in the same row of the answer sheet.

受験番号《じゅけんばんごう》　Examinee Registration Number	

なまえ　Name	

もんだい1　（　　）に　何《なに》を　入《い》れますか。1・2・3・4から　いちばん いい　ものを　一《ひと》つ　えらんで　ください。

（れい）きのう　ともだち（　　）　こうえんへ　いきました。

1　と　　2　を　　3　は　　4　や

（かいとうようし）

（れい）	●　②　③　④

---

1 まりさんの　うちは　かわの　そば（　　）　あります。

1　が　　2　に　　3　で　　4　へ

2 あれは　にほん（　　）　くるまです。

1　の　　2　は　　3　が　　4　と

3 テレビを　見《み》て（　　）、しゅくだいを　します。

1　あと　　2　さき　　3　より　　4　から

4 毎日《まいにち》　よる　8時《じ》（　　）　べんきょうします。

1　で　　2　まえ　　3　まで　　4　では

5 なつやすみに　アメリカへ　りょこう（　　）　行《い》きます。

1　を　　2　に　　3　と　　4　は

6 A「名前《なまえ》は　何《なに》で　かきますか。」

B「くろ（　　）　あおの　ペンで　かいて　ください。」

1　で　　2　の　　3　か　　4　も

7 （　　）とき、いっしょに　出《で》かけませんか。

1　ひまです　　2　ひまだ　　3　ひまの　　4　ひまな

8 きょねんは　1かい（　　　）きょうとへ　行《い》きました。

1　とき　　2　いつ　　3　だけ　　4　から

9 A「この　ペンは　（　　　）ですか。」

B「あ、わたしのです。」

1　どこの　　2　いつの　　3　だれの　　4　なんの

10 田中先生《たなかせんせい》「時間《じかん》です。テストは　おわりです。」

マリア「先生《せんせい》、ケンさんが　まだ　（　　　）。」

田中先生《たなかせんせい》「ケンさん、おわりですよ。テストを　出《だ》して　ください。」

1　かいて　います　　2　かきません

3　かきました　　4　かきませんでした

11 A「スミスさんは　（　　　）人《ひと》ですか。」

B「とても　やさしい　人《ひと》です。」

1　なに　　2　どんな　　3　どう　　4　だれ

12 国《くに》へ　帰《かえ》る　（　　　）、おみやげを　買《か》います。

1　まえは　　2　まえに　　3　あとは　　4　あとに

13 国《くに》では　日本語《にほんご》を　（　　　）べんきょう　しませんでした。

1　ぜんぜん　　2　ちょうど　　3　もういちど　　4　とても

14 いえの　なかには　だれも　（　　　）。

1　います　　2　あります　　3　いません　　4　ありません

15 A「12時《じ》です。昼《ひる》ごはんを　（　　　）。」

B「そうですね。じゃあ、あと　10分《ぷん》　しごとを　して、そのあとで　食《た》べましょう。」

1　食《た》べませんか　　　2　食《た》べましたか

3　食《た》べたからです　　　4　食《た》べたくないです

16 店《みせ》の人《ひと》「オレンジジュースと　ハンバーガー　ふたつ　ですね。ぜんぶで　450円《えん》です。」

中田《なかた》「え、すみません。（　　　）。」

店《みせ》の人《ひと》「450円《えん》です。」

1　どちらですか　　　2　なんじですか

3　どなたですか　　　4　いくらですか

もんだい2　＿★＿に　入《はい》る　ものは　どれですか。1・2・3・4から　いちばん　いい　ものを　一《ひと》つ　えらんで　ください。

（もんだいれい）

A「いつ　＿＿＿　＿＿＿　＿★＿　＿＿＿　か。」

B「3月《がつ》です。」

1　くに　　2　へ　　3　ごろ　　4　かえります

（こたえかた）

1.　ただしい　文《ぶん》を　つくります。

> A「いつ　＿＿＿＿＿　＿＿＿＿＿　＿＿★＿＿　＿＿＿＿＿　か。」
> 　　　　3　ごろ　　1　くに　　2　へ　　4　かえります
>
> B「3月《がつ》です。」

2.　＿★＿に　入《はい》る　ばんごうを　くろく　ぬります。

（かいとうようし）

（れい）	①　●　③　④

17　わたしの　へや　＿＿＿　＿＿＿　＿★＿　＿＿＿　ひろいです。

1　が　　2　は　　3　です　　4　ふるい

18　これは　＿＿＿　＿＿＿　＿★＿　＿＿＿　ありません。

1　の　　2　ことし　　3　じゃ　　4　カレンダー

19　村田《むらた》「キムさんの　＿＿＿　＿＿＿　＿★＿　＿＿＿　何《なん》ですか。」

キム「かぞくです。」

1　たいせつな　　2　は　　3　もの　　4　いちばん

20 わたしの　いもうと ＿＿＿ ＿＿＿ ＿★＿ ＿＿＿ です。

1　ながい　　2　かみ　　3　が　　4　は

21 この　しゅくだいは ＿＿＿ ＿＿＿ ＿★＿ ＿＿＿ ください。

1　まで　　2　火曜日《かようび》　　3　出《だ》して　　4　に

もんだい3　[22]から　[26]に　何《なに》を　入《い》れますか。ぶんしょうの　いみを　かんがえて、1・2・3・4から　いちばん　いい　ものを　一《ひと》つ　えらんで　ください。

リンさんと　ソウさんは　「夏休《なつやす》み」の　さくぶんを　書《か》いて、クラスの　みんなの　前《まえ》で　読《よ》みます。

(1)　リンさんの　さくぶん

夏休《なつやす》みに　友《とも》だちと　海《うみ》に　行《い》きました。わたしの　町《まち》から　海《うみ》まで、電車《でんしゃ》で　2時間《じかん》ぐらい　かかりました。海《うみ》には、人《ひと》が　[22]　いました。わたしたちは　海《うみ》で　およいだり、ボールで　あそんだり　しました。海《うみ》の　中《なか》は、水《みず》が　とても　きれいで、小《ちい》さい　さかなも　いました。来年《らいねん》も　友《とも》だちと　海《うみ》に　[23]。

(2)　ソウさんの　さくぶん

夏休《なつやす》みは　とても　あつかったです。わたしは　あついのが　きらいですから、[24]　出《で》かけませんでした。学校《がっこう》が　ある日《ひ》は　勉強《べんきょう》が　いそがしいです。[25]、夏休《なつやす》みは　時間《じかん》が　ありましたから、わたしは　毎日《まいにち》　うちで　アニメを　見《み》ました。ずっと　見《み》たかった　アニメです。みなさんは　アニメが　好《す》きですか。こんど　わたしと　いっしょに　アニメを　[26]。

22

1　よく　　2　これから　　3　たくさん　　4　もうすぐ

23

1　行《い》きたいです　　2　行《い》きません

3　行《い》って　います　　4　行《い》きました

24

1　すぐ　　2　あまり　　3　よく　　4　すこし

25

1　でも　　2　だから　　3　それから　　4　それに

26

1　見《み》ましょう　　2　見《み》ないで　ください

3　見《み》て　いましたか　　4　見《み》ませんでしたか

もんだい4　つぎの　(1)から　(3)の　ぶんしょうを　読《よ》んで、しつもんに　こたえて　ください。こたえは、1・2・3・4から　いちばん　いい　ものを　一《ひと》つ　えらんで　ください。

(1)

今日《きょう》　学校《がっこう》の　前《まえ》に　本《ほん》やへ　行《い》きました。でも、わたしが　読《よ》みたい　本《ほん》は　ありませんでした。それから、図書館《としょかん》へ　行《い》って、本《ほん》を　かりました。かりた本《ほん》を　きょうしつで　少《すこ》し　読《よ》みました。この　本《ほん》は　来月《らいげつ》　図書館《としょかん》に　かえします。

27「わたし」は　今日《きょう》　何《なに》を　しましたか。

1　本《ほん》やで　本《ほん》を　買《か》いました。

2　図書館《としょかん》で　本《ほん》を　読《よ》みました。

3　図書館《としょかん》に　本《ほん》を　かえしました。

4　学校《がっこう》で　本《ほん》を　読《よ》みました。

(2)

(学校《がっこう》で)

学生《がくせい》が　この　紙《かみ》を　見《み》ました。

学生《がくせい》の　みなさんへ

来週《らいしゅう》の　月曜日《げつようび》は　かんじの　テストです。テストは　10時《じ》40分《ぷん》から、142きょうしつで　します。

9時《じ》から　10時《じ》35分《ふん》までは　141きょうしつで　ぶんぽうの　じゅぎょうを　します。

じゅぎょうの　あと、141きょうしつで　待《ま》っていて　ください。先生《せんせい》が　名前《なまえ》を　よびに　行《い》きます。

---

28 テストの　日《ひ》、学生《がくせい》は　何《なに》を　しますか。

1　9時《じ》に　学校《がっこう》へ　行《い》って、じゅぎょうの　あと、先生《せんせい》を　待《ま》ちます。

2　9時《じ》に　学校《がっこう》へ　行《い》って、テストの　あと、みんなで　142きょうしつに　行《い》きます。

3　10時《じ》40分《ぷん》に　学校《がっこう》へ　行《い》って、142きょうしつで　テストを　します。

4　10時《じ》40分《ぷん》に　学校《がっこう》へ　行《い》って、141きょうしつで　先生《せんせい》を　待《ま》ちます。

(3)

吉田《よしだ》さんから　ファンさんに　メールが　来《き》ました。

ファンさん

　きのう　家族《かぞく》から　くだものを　もらいましたから、ファンさんに　あげたいです。ファンさんの　へやに　持《も》って　行《い》っても　いいですか。ファンさんが　へやに　いる　時間《じかん》を　教《おし》えて　ください。

　わたしは　今日《きょう》　夕方《ゆうがた》まで　学校《がっこう》が　ありますが、そのあとは　ひまです。あしたの　夜《よる》は　アルバイトが　ありますが、昼《ひる》までなら　いつでも　だいじょうぶです。

吉田《よしだ》

29 吉田《よしだ》さんは　いつ　時間《じかん》が　ありますか。

1　今日《きょう》の　夜《よる》、あしたの　朝《あさ》

2　今日《きょう》の　夜《よる》、あしたの　夜《よる》

3　今日《きょう》の　昼《ひる》、あしたの　昼《ひる》

4　あしたの　朝《あさ》、あしたの　夜《よる》

もんだい5　つぎの　ぶんしょうを　読《よ》んで、しつもんに　こたえて　ください。こたえは、1・2・3・4から　いちばん　いい　ものを　一《ひと》つ　えらんで　ください。

これは　ワンさんが　書《か》いた　さくぶんです。

日本《にほん》の　テレビ

ワン・チェン

わたしは　先月《せんげつ》、友《とも》だちに　テレビを　もらいました。大《おお》きい　テレビです。日本《にほん》に　来《き》て　はじめて　テレビを　見《み》ました。ニュースを　見《み》ましたが、日本語《にほんご》が　むずかしくて　ぜんぜん　わかりませんでした。

先週《せんしゅう》、テレビで　わたしの　町《まち》の　ニュースを　見《み》ました。わたしの　町《まち》の　おまつりの　ニュースでした。日本語《にほんご》は　むずかしかったですが、少《すこ》し　わかりました。とても　<u>うれしかったです</u>。

わたしは、毎朝《まいあさ》　テレビで　ニュースを　見《み》て、ニュースの　日本語《にほんご》を　おぼえます。学校《がっこう》の　教科書《きょうかしょ》に　ない　ことばも　おぼえます。日本語《にほんご》の　勉強《べんきょう》が　できますから、とても　いいです。学校《がっこう》へ　行《い》くときは、電車《でんしゃ》の　中《なか》で　スマホで　国《くに》の　ニュースを　見《み》ます。国《くに》の　ニュースは　よく　わかりますから、たのしいです。

あしたは　学校《がっこう》が　休《やす》みですから、友《とも》だちが　わたしの　うちへ　来《き》ます。友《とも》だちと　いっしょに　テレビで　日本《にほん》の　ニュースを　見《み》て　新《あたら》しい　ことばを　勉強《べんきょう》します。

30 どうして　うれしかったですか。

1　大《おお》きい　テレビを　もらったから

2　日本《にほん》で　はじめて　テレビを　見《み》たから

3　おまつりが　たのしかったから

4　日本《にほん》の　ニュースが　少《すこ》し　わかったから

31 ワンさんは　あした　友《とも》だちと　何《なに》を　しますか。

1　スマホで　国《くに》の　ニュースを　見《み》ます。

2　テレビで　日本《にほん》の　ニュースを　見《み》ます。

3　教科書《きょうかしょ》の　勉強《べんきょう》を　します。

4　電車《でんしゃ》で　学校《がっこう》へ　行《い》きます。

もんだい6　右《みぎ》の　ページを　見《み》て、下《した》の　しつもんに　こたえて　ください。
こたえは、1・2・3・4から　いちばん　いい　ものを　一《ひと》つ　えらんで　ください。

32 田中《たなか》さんは　友《とも》だちと　いっしょに　スポーツが　したいです。田中《たなか》さんは　月曜日《げつようび》から　金曜日《きんようび》まで　学校《がっこう》と　アルバイトが　ありますから、スポーツは　できません。休《やす》みの　日《ひ》の　午前中《ごぜんちゅう》は　べんきょうを　します。田中《たなか》さんは　どの　スポーツを　しますか。

1　サッカー

2　バスケットボール

3　バレーボール

4　テニス

さくら市《し》　スポーツクラブの　お知《し》らせ

さくら市《し》の　スポーツクラブを　しょうかいします。
みんなで　スポーツを　しませんか。

★さくらFC

金曜日《きんようび》の　夜《よる》に　サッカーを　します。

子《こ》どもから　おとなまで　いろいろな　人《ひと》が　います！

★SAKURAバスケットチーム

土曜日《どようび》の　10時《じ》から　12時《じ》まで　バスケットボールを　しています。

友《とも》だちも　たくさん　できますよ！

★バレーボールクラブ

日曜日《にちようび》の　夕方《ゆうがた》に　たのしく　バレーボールを　しましょう！

バレーボールを　したい人《ひと》は　だれでも　だいじょうぶです！

★サクラテニス

毎週《まいしゅう》、日曜日《にちようび》の　朝《あさ》に　テニスを　します。

はじめての　人《ひと》にも　やさしく　おしえます！

合格模試　第2回　　　　問題用紙《もんだいようし》

N5

聴《ちょう》解《かい》

（30分《ぷん》）

注《ちゅう》　意《い》

Notes

1. 試験《しけん》が始《はじ》まるまで、この問題用紙《もんだいようし》を開《あ》けないでください。

   Do not open this question booklet until the test begins.

2. この問題用紙《もんだいようし》を持《も》って帰《かえ》ることはできません。

   Do not take this question booklet with you after the test.

3. 受験番号《じゅけんばんごう》と名前《なまえ》を下《した》の欄《らん》に、受験票《じゅけんひょう》と同《おな》じように書《か》いてください。

   Write your examinee registration number and name clearly in each box below as written on your test voucher.

4. この問題用紙《もんだいようし》は、全部《ぜんぶ》で14ページあります。

   This question booklet has 14 pages.

5. この問題用紙《もんだいようし》にメモをとってもいいです。

   You may make notes in this question booklet.

受験番号《じゅけんばんごう》　Examinee Registration Number	

名前《なまえ》　Name	

もんだい1　N5_2_02

もんだい1では、はじめに　しつもんを　きいて　ください。それから　はなしを　きいて、もんだいようしの　1から4の　なかから、いちばん　いい　ものを　ひとつ　えらんで　ください。

れい　N5_2_03

1　どうぶつえん

2　えいがかん

3　くうこう

4　でんしゃの　えき

1ばん　N5_2_04

1

なまえ　John Brown

じゅうしょ　東京都新宿区《とうきょうとしんじゅくく》X-X-X

でんわばんごう　090-XXXX-XXXX

2

なまえ　ジョン・ブラウン

じゅうしょ　東京都新宿区《とうきょうとしんじゅくく》X-X-X

でんわばんごう　090-XXXX-XXXX

3

なまえ　John Brown

じゅうしょ　東京都新宿区《トウキョウトシンジュクク》X-X-X

でんわばんごう　090-XXXX-XXXX

4

なまえ　ジョン・ブラウン

じゅうしょ　東京都新宿区《トウキョウトシンジュクク》X-X-X

でんわばんごう　090-XXXX-XXXX

2ばん　N5_2_05

1

2

3

4

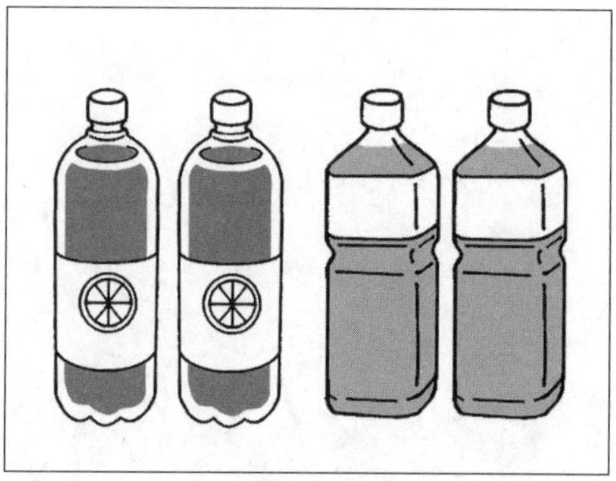

3ばん N5_2_06

4ばん N5_2_07

1
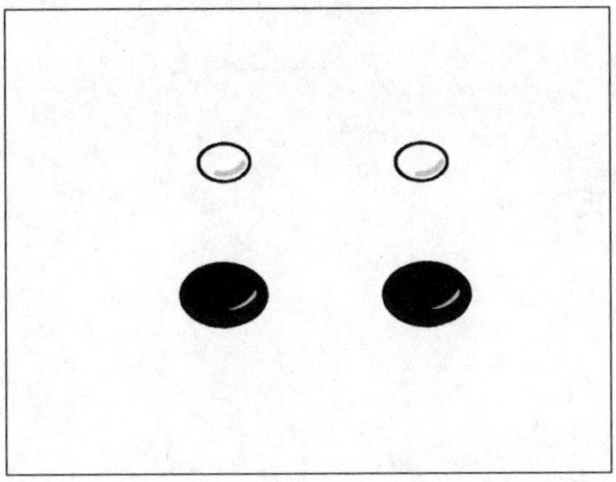

2
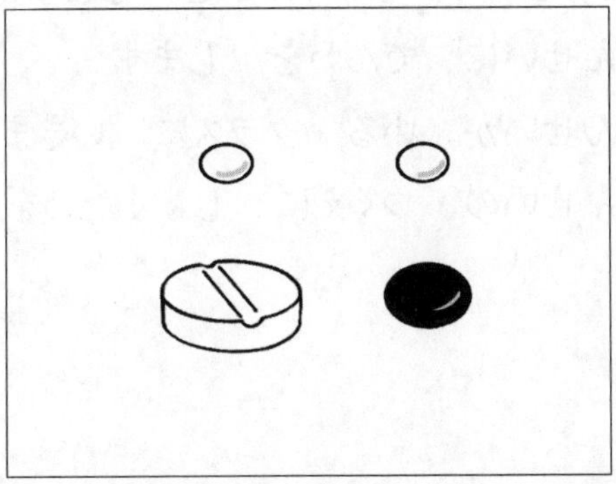

3
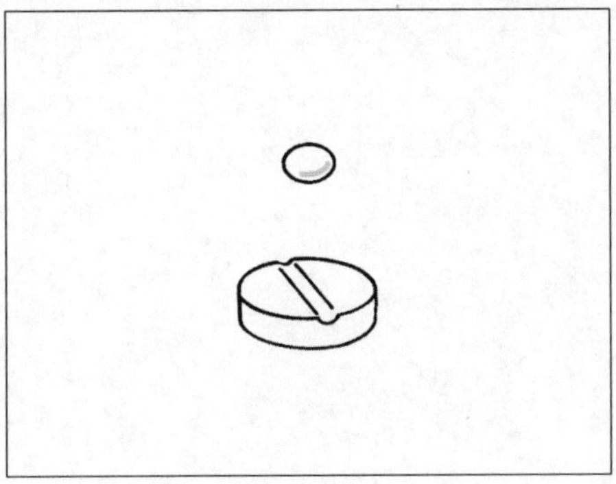

4
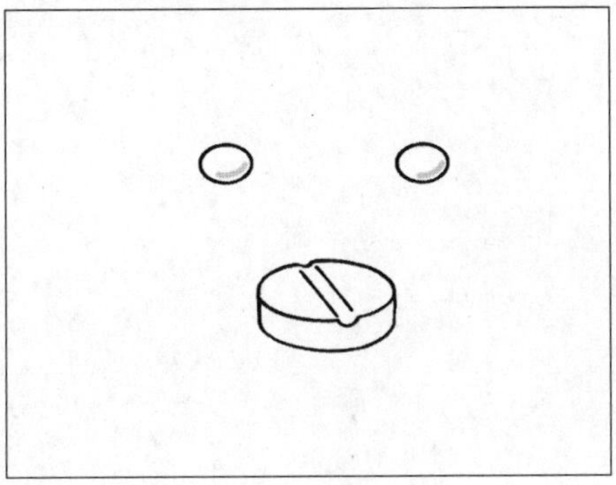

5ばん N5_2_08

1　どようびの　ひる
2　どようびの　よる
3　にちようびの　ひる
4　にちようびの　よる

6ばん N5_2_09

1　きょうしつで　しゅくだいを　します
2　せんせいに　でんわを　します
3　せんせいが　いる　クラスに　いきます
4　せんせいの　つくえに　しゅくだいを　おきます

7ばん N5_2_10

1

2

3

4

もんだい２ N5_2_11

もんだい２では、はじめに　しつもんを　きいて　ください。それから　はなしを　きいて、もんだいようしの　１から４の　なかから、いちばん　いい　ものを　ひとつ　えらんで　ください。

れい N5_2_12

1　きょうの　3じ
2　きょうの　3じはん
3　あしたの　9じ
4　あしたの　10じ

1ばん　N5_2_13

1

2

3

4

2ばん　N5_2_14

1　230えん

2　240えん

3　300えん

4　320えん

3ばん N5_2_15

1

2
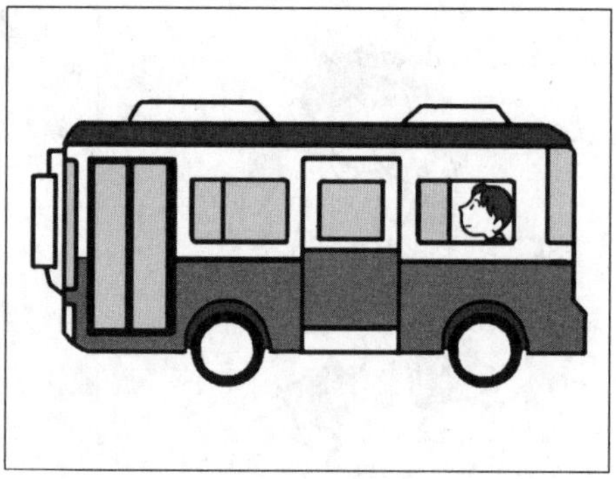

3

4

4ばん N5_2_16

1

2
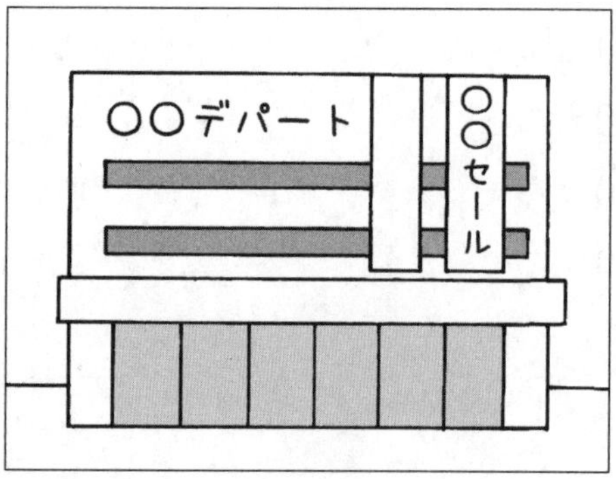

3

4
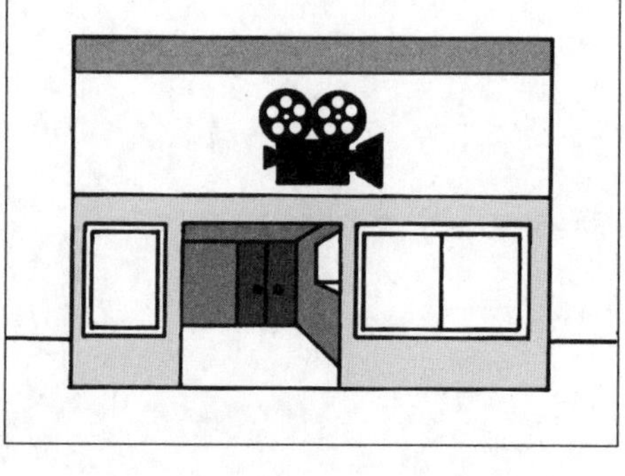

5ばん N5_2_17

1　げつようび
2　かようび
3　すいようび
4　もくようび

6ばん N5_2_18

1　二人《ふたり》
2　三人《さんにん》
3　四人《よにん》
4　五人《ごにん》

もんだい3 N5_2_19

もんだい3では、えを　みながら　しつもんを　きいて　ください。
➡（やじるし）の　ひとは　なんと　いいますか。1から3の　なかから、いちばん　いい　ものを　ひとつ　えらんで　ください。

れい N5_2_20

1ばん　N5_2_21

2ばん　N5_2_22

3ばん　N5_2_23

4ばん　N5_2_24

5ばん N5_2_25

もんだい４ N5_2_26

もんだい４は、えなどが　ありません。ぶんを　きいて、１から３の　なかから、いちばん　いい　ものを　ひとつ　えらんで　ください。

れい N5_2_27

１ばん N5_2_28

２ばん N5_2_29

３ばん N5_2_30

４ばん N5_2_31

５ばん N5_2_32

６ばん N5_2_33

ごうかくもし　かいとうようし

N5 げんごちしき（もじ・ごい）

第2回

じゅけんばんごう Examinee Registration Number		なまえ Name	

〈ちゅうい　Notes〉

1. くろいえんぴつ（HB、No.2）でかいてください。
   Use a black medium soft (HB or No.2) pencil.
   （ペンやボールペンではかかないでください。）
   (Do not use any kind of pen.)
2. かきなおすときは、けしゴムできれいにけしてください。
   Erase any unintended marks completely.
3. きたなくしたり、おったりしないでください。
   Do not soil or bend this sheet.
4. マークれい Marking Examples

よいれい Correct Example	わるいれい Incorrect Examples
●	

もんだい1				
1	①	②	③	④
2	①	②	③	④
3	①	②	③	④
4	①	②	③	④
5	①	②	③	④
6	①	②	③	④
7	①	②	③	④
8	①	②	③	④
9	①	②	③	④
10	①	②	③	④
11	①	②	③	④
12	①	②	③	④

もんだい2				
13	①	②	③	④
14	①	②	③	④
15	①	②	③	④
16	①	②	③	④
17	①	②	③	④
18	①	②	③	④
19	①	②	③	④
20	①	②	③	④

もんだい3				
21	①	②	③	④
22	①	②	③	④
23	①	②	③	④
24	①	②	③	④
25	①	②	③	④
26	①	②	③	④
27	①	②	③	④
28	①	②	③	④
29	①	②	③	④
30	①	②	③	④

もんだい4				
31	①	②	③	④
32	①	②	③	④
33	①	②	③	④
34	①	②	③	④
35	①	②	③	④

ごうかくもし　かいとうようし

N5 げんごちしき（ぶんぽう）・どっかい

第2回

じゅけんばんごう Examinee Registration Number		なまえ Name	

〈ちゅうい　Notes〉

1. くろいえんぴつ（HB、No.2）でかいてください。
   Use a black medium soft (HB or No.2) pencil.
   （ペンやボールペンではかかないでください。）
   (Do not use any kind of pen.)
2. かきなおすときは、けしゴムできれいにけしてください。
   Erase any unintended marks completely.
3. きたなくしたり、おったりしないでください。
   Do not soil or bend this sheet.
4. マークれい Marking Examples

よいれい Correct Example	わるいれい Incorrect Examples
●	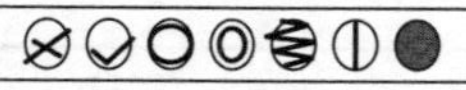

もんだい1				
1	①	②	③	④
2	①	②	③	④
3	①	②	③	④
4	①	②	③	④
5	①	②	③	④
6	①	②	③	④
7	①	②	③	④
8	①	②	③	④
9	①	②	③	④
10	①	②	③	④
11	①	②	③	④
12	①	②	③	④
13	①	②	③	④
14	①	②	③	④
15	①	②	③	④
16	①	②	③	④
もんだい2				
17	①	②	③	④
18	①	②	③	④
19	①	②	③	④
20	①	②	③	④
21	①	②	③	④

もんだい3				
22	①	②	③	④
23	①	②	③	④
24	①	②	③	④
25	①	②	③	④
26	①	②	③	④
もんだい4				
27	①	②	③	④
28	①	②	③	④
29	①	②	③	④
もんだい5				
30	①	②	③	④
31	①	②	③	④
もんだい6				
32	①	②	③	④

ごうかくもし　かいとうようし

N5 ちょうかい

第2回

じゅけんばんごう Examinee Registration Number		なまえ Name	

〈ちゅうい　Notes〉

1. くろいえんぴつ（HB、No.2）でかいてください。
   Use a black medium soft (HB or No.2) pencil.
   （ペンやボールペンではかかないでください。）
   (Do not use any kind of pen.)
2. かきなおすときは、けしゴムできれいにけしてください。
   Erase any unintended marks completely.
3. きたなくしたり、おったりしないでください。
   Do not soil or bend this sheet.
4. マークれい Marking Examples

よいれい Correct Example	わるいれい Incorrect Examples
●	

もんだい1				
れい	①	②	③	●
1	①	②	③	④
2	①	②	③	④
3	①	②	③	④
4	①	②	③	④
5	①	②	③	④
6	①	②	③	④
7	①	②	③	④

もんだい2				
れい	①	②	●	④
1	①	②	③	④
2	①	②	③	④
3	①	②	③	④
4	①	②	③	④
5	①	②	③	④
6	①	②	③	④

もんだい3			
れい	●	②	③
1	①	②	③
2	①	②	③
3	①	②	③
4	①	②	③
5	①	②	③

もんだい4			
れい	①	●	③
1	①	②	③
2	①	②	③
3	①	②	③
4	①	②	③
5	①	②	③
6	①	②	③

N5

げんごちしき（もじ・ごい）

（25ふん）

ちゅうい

Notes

1. しけんが　はじまるまで、この　もんだいようしを　あけないで　ください。

   Do not open this question booklet until the test begins.

2. この　もんだいようしを　もって　かえる　ことは　できません。

   Do not take this question booklet with you after the test.

3. じゅけんばんごうと　なまえを　したの　らんに、じゅけんひょうと　おなじように　かいて　ください。

   Write your examinee registration number and name clearly in each box below as written on your test voucher.

4. この　もんだいようしは、ぜんぶで　8ページ　あります。

   This question booklet has 8 pages.

5. もんだいには　かいとうばんごうの 1 、 2 、 3 … が　あります。かいとうは、かいとうようしに　ある　おなじ　ばんごうの　ところに　マークして　ください。

   One of the row numbers 1 , 2 , 3 … is given for each question. Mark your answer in the same row of the answer sheet.

じゅけんばんごう　Examinee Registration Number	

なまえ　Name	

もんだい1　＿＿＿の　ことばは　ひらがなで　どう　かきますか。1・2・3・4から　いちばん　いい　ものを　ひとつ　えらんで　ください。

（れい）その　こどもは　小さいです。

1　ちさい　　2　ちいさい　　3　じさい　　4　じいさい

（かいとうようし）

（れい）	①　●　③　④

1　7じに　うちへ　帰ります。

1　かいります　　2　かえります

3　もどります　　4　もとります

2　いっしょに　お茶を　のみませんか。

1　みす　　2　みず　　3　ちゃ　　4　ぢゃ

3　自転車で　こうえんへ　いきます。

1　じでんしゃ　　2　じてんしゃ

3　じどうしゃ　　4　じとうしゃ

4　きょうは　暑い　ですね。

1　さむい　　2　さぶい　　3　あづい　　4　あつい

5　このケーキは　六百円です。

1　ろくひゃく　　2　ろっひゃく

3　ろくぴゃく　　4　ろっぴゃく

6　あねは　1989ねんに　生まれました。

1　うまれました　　2　いまれました

3　きまれました　　4　くまれました

7 毎月　えいがを　みます。

1　まいがつ　　2　まいつき　　3　めいがつ　　4　めいつき

8 この　コートは　すこし　長いです。

1　ひろい　　2　せまい　　3　ながい　　4　みじかい

9 赤い　セーターを　かいたいです。

1　あおい　　2　あかい　　3　しろい　　4　くろい

10 花火を　みに　いきます。

1　はねひ　　2　はねび　　3　はなひ　　4　はなび

11 この　へやは　明るい　です。

1　あかるい　　2　あきるい　　3　あくるい　　4　あけるい

12 テレビの　音を　おおきく　します。

1　おと　　2　こえ　　3　いろ　　4　あじ

もんだい2　＿＿＿の　ことばは　どう　かきますか。1・2・3・4から　いちばん　いい　ものを　ひとつ　えらんで　ください。

（れい）この　テレビは　すこし　やすいです。

1　低い　　2　暗い　　3　安い　　4　悪い

（かいとうようし）

（れい）	①　②　●　④

13 なまえを　ぼーるぺんで　かいて　ください。

1　ボーレペン　　2　ボールペン

3　ボーレペシ　　4　ボールペシ

14 あまり　げんきじゃ　ありません。

1　干気　　2　元気　　3　干汽　　4　元汽

15 わたしは　あさ　しんぶんを　よみます。

1　書みます　　2　話みます　　3　買みます　　4　読みます

16 あした　あにに　あいます。

1　父　　2　兄　　3　弟　　4　母

17 でんしゃで　がっこうへ　いきます。

1　雷車　　2　雷話　　3　電車　　4　電話

18 いもうとは　しょうがくせいです。

1　小学生　　2　中学生　　3　高校生　　4　大学生

19 わたしの　まちには　おおきな　えいがかんが　あります。

1　駅　　2　市　　3　町　　4　村

20 かいしゃまで　あるいて　いきます。

1　会仕　　2　会社　　3　公仕　　4　公社

もんだい3 （　　）に　なにが　はいりますか。1・2・3・4から　いちばん　いい　ものを　ひとつ　えらんで　ください。

（れい）きのう　サッカーを　（　　）しました。

1　れんしゅう　　2　こしょう

3　じゅんび　　4　しゅうり

（かいとうようし）

（れい）	● ② ③ ④

---

21 にほんりょうりの　（　　）で　ばんごはんを　たべました。

1　メートル　　2　サングラス

3　レストラン　　4　ハンサム

22 としょかんへ　ほんを　（　　）　いきました。

1　かえりに　　2　かえしに　　3　あそびに　　4　わすれに

23 この　まちは　いろいろな　みせが　ありますから、（　　）です。

1　へた　　2　じょうず　　3　しずか　　4　べんり

24 インフルエンザの　ときは、くすりを　（　　）　ください。

1　のんで　　2　たべて　　3　やんで　　4　よんで

25 ぎゅうにゅうを　7（　　）　ください。

1　まい　　2　こ　　3　さつ　　4　ほん

26 ゆうがたから　あめですから、かさを　（　　）　でかけます。

1　もって　　2　かいて　　3　きて　　4　して

27 （　　）の　たんじょうびに　カメラを　もらいました。

1　らいげつ　　2　きょねん　　3　あさって　　4　こんばん

28 30ぷん　まえから　ともだちを　（　　　）いますが、きません。

1　かって　　2　とって　　3　まって　　4　あって

29 ほんやの　となりに　（　　　）が　ありますか。

1　なに　　2　いつ　　3　どこ　　4　だれ

30 よるは　いつも　10じに　おふろに　（　　　）。

1　きります　　2　いります　　3　あびます　　4　はいります

もんだい４　＿＿＿の　ぶんと　だいたい　おなじ　いみの　ぶんが　あります。
１・２・３・４から　いちばん　いい　ものを　ひとつ　えらんで
ください。

（れい）わたしは　にほんごの　ほんが　ほしいです。

1　わたしは　にほんごの　ほんを　もって　います。

2　わたしは　にほんごの　ほんが　わかります。

3　わたしは　にほんごの　ほんを　うって　います。

4　わたしは　にほんごの　ほんを　かいたいです。

（かいとうようし）

（れい）	①　②　③　●

---

31 がっこうは　きのうから　あさってまで　やすみです。

1　がっこうは　ふつかかん　やすみです。

2　がっこうは　みっかかん　やすみです。

3　がっこうは　よっかかん　やすみです。

4　がっこうは　いつかかん　やすみです。

32 しゅうまつは　ひまじゃ　ありませんでした。

1　しゅうまつは　きれいでした。

2　しゅうまつは　にぎやかでした。

3　しゅうまつは　たのしかったです。

4　しゅうまつは　いそがしかったです。

33 あには　えいごの　きょうしです。

1　あには　えいごを　おしえて　います。

2　あには　えいごを　ならって　います。

3　あには　えいごを　べんきょうして　います。

4　あには　えいごを　よんで　います。

34 つまは　およぐのが　じょうずじゃ　ありません。

1　つまは　およぐのが　きらいです。

2　つまは　およぐのが　すきです。

3　つまは　およぐのが　へたです。

4　つまは　およぐのが　かんたんです。

35 ははは　いもうとに　かばんを　かしました。

1　ははは　いもうとに　かばんを　あげました。

2　ははは　いもうとに　かばんを　かりました。

3　いもうとは　ははに　かばんを　あげました。

4　いもうとは　ははに　かばんを　かりました。

合格模試　第3回

問題用紙《もんだいようし》

N5

言《げん》語《ご》知《ち》識《しき》（文法《ぶんぽう》）・読《どっ》解《かい》

（50ぷん）

注《ちゅう》　意《い》

Notes

1. 試験《しけん》が始《はじ》まるまで、この問題用紙《もんだいようし》をあけないでください。

   Do not open this question booklet until the test begins.

2. この問題用紙《もんだいようし》を持《も》ってかえることはできません。

   Do not take this question booklet with you after the test.

3. 受験番号《じゅけんばんごう》となまえをしたの欄《らん》に、受験票《じゅけんひょう》とおなじようにかいてください。

   Write your examinee registration number and name clearly in each box below as written on your test voucher.

4. この問題用紙《もんだいようし》は、全部《ぜんぶ》で15ページあります。

   This question booklet has 15 pages.

5. 問題《もんだい》には解答番号《かいとうばんごう》の [1]、[2]、[3]… があります。
   解答《かいとう》は、解答用紙《かいとうようし》にあるおなじ番号《ばんごう》のところにマークしてください。

   One of the row numbers [1], [2], [3]… is given for each question. Mark your answer in the same row of the answer sheet.

受験番号《じゅけんばんごう》　Examinee Registration Number	

なまえ　Name	

もんだい1　(　　　)に　何《なに》を　入《い》れますか。1・2・3・4から　いちばん
いい　ものを　一《ひと》つ　えらんで　ください。

(れい)　きのう　ともだち(　　　)　こうえんへ　いきました。

1　と　　2　を　　3　は　　4　や

(かいとうようし)

(れい)	●　②　③　④

1　これは　フランス(　　　)　かった　かばんです。

1　を　　2　で　　3　に　　4　の

2　A「日本語《にほんご》の　じゅぎょうは　いつ　ありますか。」
B「月曜日《げつようび》と　水曜日《すいようび》(　　　)　あります。」

1　で　　2　に　　3　が　　4　を

3　ぎんこうと　スーパー(　　　)　あいだに、かいしゃが　あります。

1　と　　2　で　　3　の　　4　に

4　田中先生《たなかせんせい》は　しんせつ(　　　)　おもしろい　人《ひと》です。

1　で　　2　し　　3　て　　4　と

5　その　ビルを　右《みぎ》(　　　)　まがって　ください。

1　まで　　2　では　　3　に　　4　を

6　国《くに》の　友《とも》だち(　　　)　でんわを　かけます。

1　に　　2　や　　3　で　　4　を

7 A「えいがは　何時《なんじ》（　　　）　ですか。」

B「あと　5分《ふん》で　はじまりますよ。」

1　まで　　2　ほど　　3　から　　4　だけ

8 林《はやし》さんは　コーヒーを　のみましたが、わたしは　こうちゃ（　　　）　しました。

1　に　　2　が　　3　を　　4　の

9 ごはんを　たべた（　　　）　くすりを　のみます。

1　まえに　　2　のまえに　　3　あとで　　4　のあとで

10 てがみを（　　　）とき、ペンを　つかいます。

1　かき　　2　かく　　3　かいた　　4　かいて

11 森《もり》「リーさんの　お国《くに》は（　　　）ですか。」

リー「ちゅうごくです。」

1　どう　　2　どちら　　3　どなた　　4　どんな

12 A「昼《ひる》ごはんを　食《た》べましたか。」

B「いいえ。（　　　）です。」

1　もう　　2　まだ　　3　よく　　4　あと

13 A「いい　しゃしんですね。（　　　）とりましたか。」

B「わたしです。」

1　だれは　　2　だれに　　3　だれが　　4　だれと

14 わたしは　えいがを　見《み》る（　　　）が　すきです。

1　こと　　2　もの　　3　そこ　　4　どれ

15 A「こんどの　日曜《にちよう》日《び》、こうえんで　おまつりが　ありますよ。いっしょに　（　　　　）。」

B「いいですね。行《い》きたいです。」

1　行《い》きませんか　　　　2　行《い》って　いますか

3　行《い》きませんでしたか　　　　4　行《い》って　いませんでしたか

16 A「りょこうの　おみやげです。ひとつ　（　　　　）。」

B「ありがとうございます。」

1　ください　　　　2　おねがいします

3　どうぞ　　　　4　ほしいです

もんだい2　＿★＿に　入《はい》る　ものは　どれですか。1・2・3・4から　いちばん　いい　ものを　一《ひと》つ　えらんで　ください。

（もんだいれい）

A「いつ　＿＿＿　＿＿＿　＿★＿　＿＿＿　か。」

B「3月《がつ》です。」

1　くに　　2　へ　　3　ごろ　　4　かえります

（こたえかた）

1.　ただしい　文《ぶん》を　つくります。

> A「いつ　＿＿＿　＿＿＿　＿★＿　＿＿＿　か。」
>
> 　　　3　ごろ　1　くに　2　へ　4　かえります
>
> B「3月《がつ》です。」

2.　＿★＿に　入《はい》る　ばんごうを　くろく　ぬります。

（かいとうようし）

（れい）	①　●　③　④

17　あには　わたし　＿＿＿　＿＿＿　＿★＿　＿＿＿　です。

1　高《たか》い　　2　せ　　3　より　　4　が

18　この　ふるい　＿＿＿　＿＿＿　＿★＿　＿＿＿　です。

1　父《ちち》　　2　は　　3　の　　4　かさ

19　A「お母《かあ》さんの　＿＿＿　＿＿＿　＿★＿　＿＿＿　か。」

B「はい。もう　なおりました。」

1　なりました　　2　もう

3　びょうきは　　4　よく

20 駅《えき》の　＿＿＿　＿＿＿　＿★＿　＿＿＿　べんりに　なりました。

1　スーパーが　　2　となりに　　3　大《おお》きい　　4　できて

21 ここは　わたし　＿＿＿　＿＿＿　＿★＿　＿＿＿　です。

1　きのう　　2　店《みせ》　　3　来《き》た　　4　が

もんだい３ **[22]** **から** **[26]** **に　何《なに》を　入《い》れますか。ぶんしょうの　いみを かんがえて、1・2・3・4から　いちばん　いい　ものを　一《ひと》つ えらんで　ください。**

ワンさんと　アリさんは　「電車《でんしゃ》」の　さくぶんを　書《か》いて、クラスの　みんなの　前《まえ》で 読《よ》みます。

(1)　ワンさんの　さくぶん

日本《にほん》の　電車《でんしゃ》に　はじめて　のったとき、びっくりしました。えきには　人《ひと》が たくさん　[22]。みんな　ならんで　電車《でんしゃ》から　おりる人《ひと》を　まちます。そして、前《まえ》の　人《ひと》から　ゆっくり　のります。みんな　その　ルールを まもります。　[23]、きもちよく　電車《でんしゃ》に　のることが　できます。とても いい　ことです。

(2)　アリさんの　さくぶん

わたしの　国《くに》の　電車《でんしゃ》　[24]　日本《にほん》の　電車《でんしゃ》は、少《すこ》し　ちがいます。わたしの　国《くに》では、みんな　電車《でんしゃ》の　中《なか》で　よく　話《はな》します。だから、とても うるさいです。日本人《にほんじん》は、電車《でんしゃ》の　中《なか》で　あまり　[25]。しんぶんや 本《ほん》を　読《よ》みます。わたしは　いつも　電車《でんしゃ》の　中《なか》で　スマホ　[26]　おんがくを ききます。みなさんは　電車《でんしゃ》の　中《なか》で　何《なに》を　しますか。

22

1　います　　2　あります　　3　みます　　4　します

23

1　一番《いちばん》に　　2　そのあと　　3　だから　　4　でも

24

1　が　　2　と　　3　を　　4　で

25

1　話《はな》して　います　　2　話《はな》しましょうか

3　話《はな》しません　　4　話《はな》したいです

26

1　へ　　2　で　　3　に　　4　と

もんだい4　つぎの　(1)から　(3)の　ぶんしょうを　読《よ》んで、しつもんに　こたえて　ください。こたえは、1・2・3・4から　いちばん　いい　ものを　一《ひと》つ　えらんで　ください。

(1)

わたしは　先週《せんしゅう》の　火曜日《かようび》から　金曜日《きんようび》まで　京都《きょうと》に　行《い》きました。火曜日《かようび》は　お寺《てら》を見《み》たり、買《か》いものを　したり　しました。わたしは　お寺《てら》が　好《す》きですから、水曜日《すいようび》も　見《み》に行《い》きました。木曜日《もくようび》は　映画館《えいがかん》で　映画《えいが》を　見《み》ました。金曜日《きんようび》は　おみやげを　買《か》いました。とても　たのしかったです。

27「わたし」が　お寺《てら》を　見《み》たのは　何曜日《なんようび》ですか。

1　火曜日《かようび》と　水曜日《すいようび》
2　火曜日《かようび》と　木曜日《もくようび》
3　水曜日《すいようび》と　木曜日《もくようび》
4　水曜日《すいようび》と　金曜日《きんようび》

(2)

図書館《としょかん》に　この　メモが　あります。

図書館《としょかん》を　使《つか》う　みなさんへ

今日《きょう》は　図書館《としょかん》の　本《ほん》を　かたづけます。本《ほん》を　かりることは　できません。かえす　本《ほん》は　入口《いりぐち》の　となりの　ポストに　入《い》れて　ください。

２階《かい》の　へやは　午後《ごご》１時《じ》から　５時《じ》までです。へやの　入口《いりぐち》に　紙《かみ》がありますから、紙《かみ》に　名前《なまえ》を　書《か》いてから　使《つか》って　ください。

中央図書館《ちゅうおうとしょかん》

28 本《ほん》を　かえしたいです。どうしますか。

1　図書館《としょかん》の　人《ひと》に　わたします。

2　図書館《としょかん》の　入口《いりぐち》の　となりの　ポストに　入《い》れます。

3　２階《かい》の　へやに　持《も》って　行《い》きます。

4　紙《かみ》に　名前《なまえ》を　書《か》いて、机《つくえ》に　おきます。

第３回

読解

(3)

(会社《かいしゃ》で)

ユンさんの　机《つくえ》の　上《うえ》に、この　メモが　あります。

ユンさん

12時《じ》15分《ふん》ごろ　ヤマダ会社《がいしゃ》の　森《もり》さんから　電話《でんわ》が　ありました。あしたの　会議《かいぎ》の　時間《じかん》を　かえたいと　言《い》って　いました。16時《じ》までに電話《でんわ》を　してください。

森《もり》さんは　これから　出《で》かけますから、会社《かいしゃ》では　なくて、森《もり》さんのけいたい電話《でんわ》に　かけて　ください。

佐藤《さとう》　12:20

29 この　メモを　読《よ》んで、ユンさんは　何《なに》を　しますか。

1　あした　森《もり》さんの　会社《かいしゃ》に　電話《でんわ》を　します。

2　あした　森《もり》さんの　けいたい電話《でんわ》に　電話《でんわ》を　します。

3　16時《じ》までに　森《もり》さんの　会社《かいしゃ》に　電話《でんわ》を　します。

4　16時《じ》までに　森《もり》さんの　けいたい電話《でんわ》に　電話《でんわ》を　します。

もんだい5　つぎの　ぶんしょうを　読《よ》んで、しつもんに　こたえて　ください。こたえは、1・2・3・4から　いちばん　いい　ものを　一《ひと》つ　えらんで　ください。

これは　ジェイソンさんが　書《か》いた　さくぶんです。

東京《とうきょう》へ　行《い》きました

ジェイソン・パーク

先週《せんしゅう》、母《はは》が　日本《にほん》に　来《き》ました。母《はは》と　いっしょに　東京《とうきょう》へ　行《い》きました。母《はは》と　わたしは　日本語《にほんご》が　あまり　できませんから、すこし　<u>こわかったです。</u>

東京《とうきょう》では、レストランや　お店《みせ》や　お寺《てら》など、いろいろな　ところへ　行《い》きました。スマホで　電車《でんしゃ》の　時間《じかん》を　しらべたり、レストランを　さがしたり　しました。レストランの　人《ひと》は　英語《えいご》を　話《はな》しましたから、よく　わかりました。母《はは》は　「来年《らいねん》も　来《き》たい」と　言《い》いました。

わたしたちが　行《い》った　ところには、外国人《がいこくじん》が　たくさん　いました。つぎは、外国人《がいこくじん》が　あまり　行《い》かない　ところへ　行《い》って、日本人《にほんじん》と　日本語《にほんご》で　話《はな》したいです。

30 どうして　こわかったですか。

1　はじめて　東京《とうきょう》へ　行《い》くから

2　電車《でんしゃ》の　時間《じかん》が　わからないから

3　スマホが　ないから

4　日本語《にほんご》が　じょうずじゃ　ないから

31 ジェイソンさんは　今《いま》　どう　思《おも》って　いますか。

1　日本人《にほんじん》と　りょこうを　したいと　思《おも》って　います。

2　友《とも》だちと　りょこうを　したいと　思《おも》って　います。

3　来年《らいねん》も　おなじ　ところへ　行《い》きたいと　思《おも》って　います。

4　外国人《がいこくじん》が　少《すく》ない　ところへ　行《い》きたいと　思《おも》って　います。

もんだい6　右《みぎ》の　ページを　見《み》て、下《した》の　しつもんに　こたえて　ください。
こたえは、1・2・3・4から　いちばん　いい　ものを　一《ひと》つ　えらんで　ください。

32 ナオさんは　10時《じ》半《はん》から　12時《じ》半《はん》まで　あおばまつりに　行《い》きます。ナオさんは　1,000円《えん》持《も》って　います。どの　店《みせ》で　買《か》いものを　しますか。

1　くだものの　ケーキ
2　おもちゃ
3　こどもの　ふく
4　やさい

あおばまつり

ぜひ　来《き》て　ください！

日《ひ》にち：9月《がつ》12日《にち》（土《ど》）

ばしょ：中央公園《ちゅうおうこうえん》

時間《じかん》：9時《じ》から　15時《じ》まで

くだもののケーキ

- 9時《じ》から　11時《じ》まで
- 1つ　300円《えん》

いろいろな　くだものの
ケーキを　うって　います。

おもちゃ

- 11時《じ》から　15時《じ》まで
- 1つ　1,200円《えん》

子《こ》どもも　おとなも　すきな
おもちゃを　うって　います。

こどもの　ふく

- 13時《じ》から　14時《じ》まで
- 1つ　1,000円《えん》

かわいい　ふくを
うって　います。

やさい

- 14時《じ》から　15時《じ》まで
- 1つ　150円《えん》

おいしい　やさいを
うって　います。

合格模試　第3回　　　　問題用紙《もんだいようし》

N5

聴《ちょう》解《かい》

(30分《ぶん》)

注《ちゅう》　意《い》

Notes

1. 試験《しけん》が始《はじ》まるまで、この問題用紙《もんだいようし》を開《あ》けないでください。

   Do not open this question booklet until the test begins.

2. この問題用紙《もんだいようし》を持《も》って帰《かえ》ることはできません。

   Do not take this question booklet with you after the test.

3. 受験番号《じゅけんばんごう》と名前《なまえ》を下《した》の欄《らん》に、受験票《じゅけんひょう》と同《おな》じように書《か》いてください。

   Write your examinee registration number and name clearly in each box below as written on your test voucher.

4. この問題用紙《もんだいようし》は、全部《ぜんぶ》で14ページあります。

   This question booklet has 14 pages.

5. この問題用紙《もんだいようし》にメモをとってもいいです。

   You may make notes in this question booklet.

受験番号《じゅけんばんごう》　Examinee Registration Number	

名前《なまえ》　Name	

もんだい1 N5_3_02

もんだい1では、はじめに　しつもんを　きいて　ください。それから　はなしを　きいて、もんだいようしの　1から4の　なかから、いちばん　いい　ものを　ひとつ　えらんで　ください。

れい N5_3_03

1　どうぶつえん

2　えいがかん

3　くうこう

4　でんしゃの　えき

1ばん N5_3_04

1

2

3

4

2ばん N5_3_05

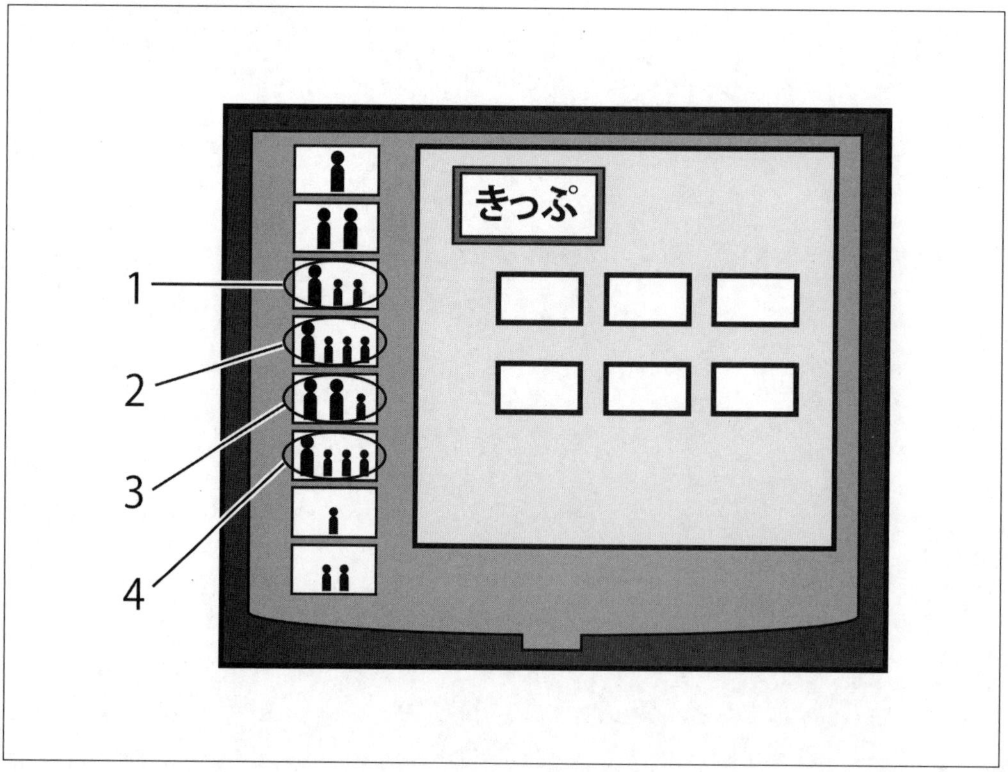

3ばん N5_3_06

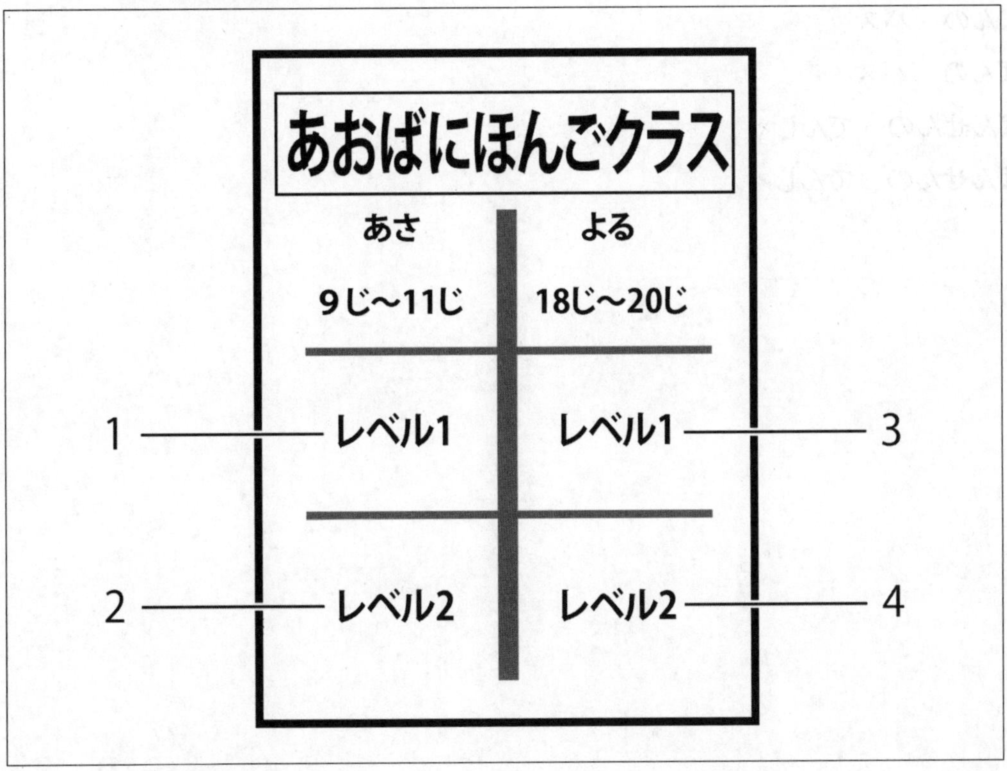

4ばん N5_3_07

1

2

3

4

5ばん N5_3_08

1　1ばんの　バス

2　2ばんの　バス

3　1ばんせんの　でんしゃ

4　2ばんせんの　でんしゃ

6ばん N5_3_09

1　げつようび

2　かようび

3　すいようび

4　もくようび

7ばん N5_3_10

1

2

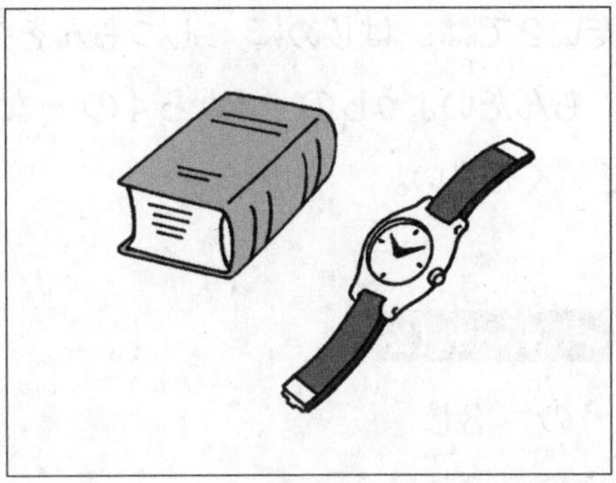

3

4

もんだい2 N5_3_11

もんだい2では、はじめに　しつもんを　きいて　ください。それから　はなしを　きいて、もんだいようしの　1から4の　なかから、いちばん　いい　ものを　ひとつ　えらんで　ください。

れい N5_3_12

1　きょうの　3じ

2　きょうの　3じはん

3　あしたの　9じ

4　あしたの　10じ

1ばん N5_3_13

1

日《にち》	月《げつ》	火《か》	水《すい》	木《もく》	金《きん》	土《ど》
	1	2	3	4	5	6
7	8	9	10	11	12	13
14	15	16	17	18	19	20
21	22	23	24	25	26	27
28	29	30	31			

2

日《にち》	月《げつ》	火《か》	水《すい》	木《もく》	金《きん》	土《ど》
	1	2	3	4	5	6
7	8	9	10	11	12	13
14	15	16	17	18	19	20
21	22	23	24	25	26	27
28	29	30	31			

3

日《にち》	月《げつ》	火《か》	水《すい》	木《もく》	金《きん》	土《ど》
	1	2	3	4	5	6
7	8	9	10	11	12	13
14	15	16	17	18	19	20
21	22	23	24	25	26	27
28	29	30	31			

4

日《にち》	月《げつ》	火《か》	水《すい》	木《もく》	金《きん》	土《ど》
	1	2	3	4	5	6
7	8	9	10	11	12	13
14	15	16	17	18	19	20
21	22	23	24	25	26	27
28	29	30	31			

2ばん N5_3_14

1 いちごの　ケーキ

2 りんごの　ケーキ

3 チーズケーキ

4 チョコレートケーキ

3ばん N5_3_15

1
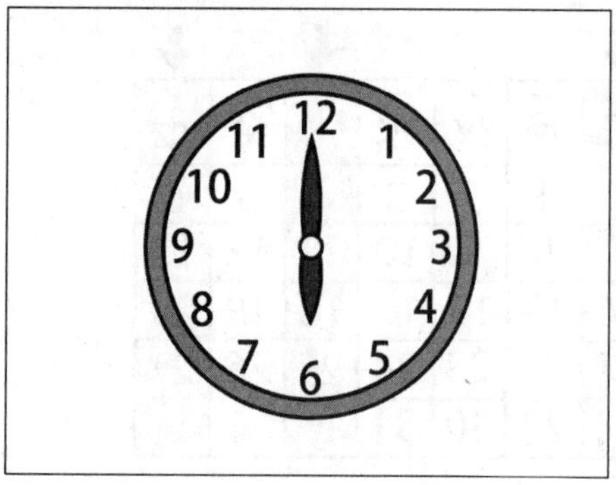

2

3
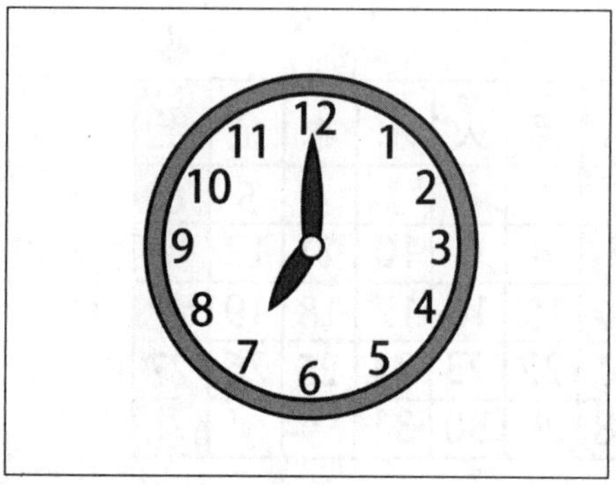

4

4ばん N5_3_16

1

2
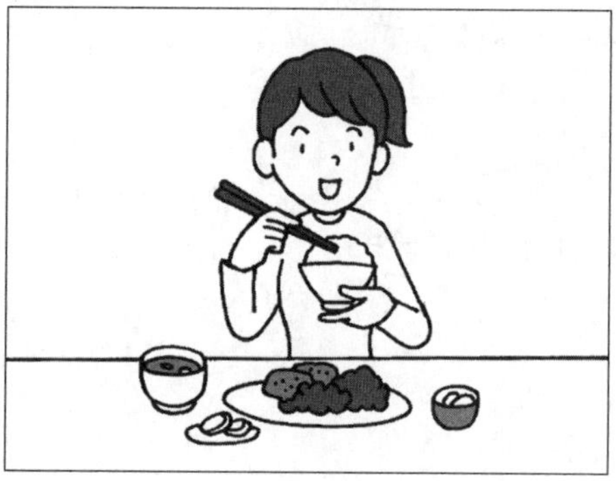

3

4

5ばん N5_3_17

1　1かい

2　2かい

3　3かい

4　4かい

6ばん N5_3_18

1　えいがを　みました

2　かいものを　しました

3　りょうりを　しました

4　パーティーに　いきました

もんだい3 N5_3_19

もんだい3では、えを　みながら　しつもんを　きいて　ください。
➡（やじるし）の　ひとは　なんと　いいますか。1から3の　なかから、いちばん　いい　ものを　ひとつ　えらんで　ください。

れい N5_3_20

1ばん N5_3_21

2ばん N5_3_22

3ばん N5_3_23

4ばん N5_3_24

5ばん N5_3_25

もんだい4 N5_3_26

もんだい4は、えなどが　ありません。ぶんを　きいて、1から3の　なかから、いちばん　いい　ものを　ひとつ　えらんで　ください。

れい N5_3_27

1ばん N5_3_28

2ばん N5_3_29

3ばん N5_3_30

4ばん N5_3_31

5ばん N5_3_32

6ばん N5_3_33

ごうかくもし　かいとうようし

N5 げんごちしき（もじ・ごい）

第3回

じゅけんばんごう Examinee Registration Number		なまえ Name	

〈ちゅうい　Notes〉

1. くろいえんぴつ（HB、No.2）でかいてください。
Use a black medium soft (HB or No.2) pencil.
（ペンやボールペンではかかないでください。）
(Do not use any kind of pen.)
2. かきなおすときは、けしゴムできれいにけしてください。
Erase any unintended marks completely.
3. きたなくしたり、おったりしないでください。
Do not soil or bend this sheet.
4. マークれい Marking Examples

よいれい Correct Example	わるいれい Incorrect Examples
●	

もんだい1				
1	①	②	③	④
2	①	②	③	④
3	①	②	③	④
4	①	②	③	④
5	①	②	③	④
6	①	②	③	④
7	①	②	③	④
8	①	②	③	④
9	①	②	③	④
10	①	②	③	④
11	①	②	③	④
12	①	②	③	④
もんだい2				
13	①	②	③	④
14	①	②	③	④
15	①	②	③	④
16	①	②	③	④
17	①	②	③	④
18	①	②	③	④
19	①	②	③	④
20	①	②	③	④

もんだい3				
21	①	②	③	④
22	①	②	③	④
23	①	②	③	④
24	①	②	③	④
25	①	②	③	④
26	①	②	③	④
27	①	②	③	④
28	①	②	③	④
29	①	②	③	④
30	①	②	③	④
もんだい4				
31	①	②	③	④
32	①	②	③	④
33	①	②	③	④
34	①	②	③	④
35	①	②	③	④

ごうかくもし　かいとうようし

N5 げんごちしき（ぶんぽう）・どっかい

第3回

じゅけんばんごう Examinee Registration Number		なまえ Name	

〈ちゅうい　Notes〉

1. くろいえんぴつ（HB、No.2）でかいてください。
   Use a black medium soft (HB or No.2) pencil.
   （ペンやボールペンではかかないでください。）
   (Do not use any kind of pen.)
2. かきなおすときは、けしゴムできれいにけしてください。
   Erase any unintended marks completely.
3. きたなくしたり、おったりしないでください。
   Do not soil or bend this sheet.
4. マークれい Marking Examples

よいれい Correct Example	わるいれい Incorrect Examples
	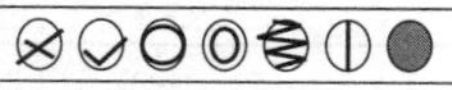

もんだい1				
1	①	②	③	④
2	①	②	③	④
3	①	②	③	④
4	①	②	③	④
5	①	②	③	④
6	①	②	③	④
7	①	②	③	④
8	①	②	③	④
9	①	②	③	④
10	①	②	③	④
11	①	②	③	④
12	①	②	③	④
13	①	②	③	④
14	①	②	③	④
15	①	②	③	④
16	①	②	③	④
もんだい2				
17	①	②	③	④
18	①	②	③	④
19	①	②	③	④
20	①	②	③	④
21	①	②	③	④

もんだい3				
22	①	②	③	④
23	①	②	③	④
24	①	②	③	④
25	①	②	③	④
26	①	②	③	④
もんだい4				
27	①	②	③	④
28	①	②	③	④
29	①	②	③	④
もんだい5				
30	①	②	③	④
31	①	②	③	④
もんだい6				
32	①	②	③	④

ごうかくもし　かいとうようし

N5 ちょうかい

第3回

じゅけんばんごう Examinee Registration Number		なまえ Name	

〈ちゅうい　Notes〉

1. くろいえんぴつ（HB、No.2）でかいてください。
   Use a black medium soft (HB or No.2) pencil.
   （ペンやボールペンではかかないでください。）
   (Do not use any kind of pen.)
2. かきなおすときは、けしゴムできれいにけしてください。
   Erase any unintended marks completely.
3. きたなくしたり、おったりしないでください。
   Do not soil or bend this sheet.
4. マークれい Marking Examples

よいれい Correct Example	わるいれい Incorrect Examples
●	

もんだい1				
れい	①	②	③	●
1	①	②	③	④
2	①	②	③	④
3	①	②	③	④
4	①	②	③	④
5	①	②	③	④
6	①	②	③	④
7	①	②	③	④

もんだい2				
れい	①	②	●	④
1	①	②	③	④
2	①	②	③	④
3	①	②	③	④
4	①	②	③	④
5	①	②	③	④
6	①	②	③	④

もんだい3			
れい	●	②	③
1	①	②	③
2	①	②	③
3	①	②	③
4	①	②	③
5	①	②	③

もんだい4			
れい	①	●	③
1	①	②	③
2	①	②	③
3	①	②	③
4	①	②	③
5	①	②	③
6	①	②	③